Knaur.

Über die Autorin:
Antje Schendel arbeitete nach ihrer Ausbildung zur Informatikerin als Model. Durch Zufall erfuhr sie, dass es normale Reinigungsunternehmen ablehnen, Tatorte sauberzumachen. Antje Schendel erkannte die Marktlücke und gründete nach vielen Recherchen und Experimenten mit Reinigungsmitteln ihre Firma »Schendel Tatortreinigung«. Mittlerweile ist sie eine gefragte Expertin in ganz Deutschland.

Antje Schendel
mit Shirley Michaela Seul

DIE TATORTREINIGERIN

Ich komme, wenn das Leben geht

KNAUR TASCHENBUCH VERLAG

Besuchen Sie uns im Internet:
www.knaur.de

Originalausgabe Mai 2012
Knaur Taschenbuch
© 2012 Knaur Taschenbuch
Ein Unternehmen der Droemerschen Verlagsanstalt
Th. Knaur Nachf. GmbH & Co. KG, München
Alle Rechte vorbehalten. Das Werk darf – auch teilweise – nur mit
Genehmigung des Verlags wiedergegeben werden.
Umschlaggestaltung: ZERO Werbeagentur, München
Umschlagabbildung: FinePic®, München
Satz: Adobe InDesign im Verlag
Druck und Bindung: GGP Media GmbH, Pößneck
Printed in Germany
ISBN 978-3-426-78502-7

INHALT

PROLOG: DER KOPFSCHUSS 9

DER MANN AUS DEM PARTERRE 17

SPURENSUCHE IN OSTBERLIN 25
Die Scheidung 33
Die letzte Wanderung 39
Auf eigenen Beinen 43
Die Meisterschaft 45

MODEL-MAMA 49
Der Mauerfall 50
Miss Berlin 53
Auf der Flucht 54
Von Shooting zu Shooting 57
Ade Highlife 61

SPURENSICHERUNG 65
Die geklaute Idee 67
Die Vorbereitung 72
Der erste Einsatz 74
Ein gefährlicher Freundschaftsdienst 76
Vom Laufsteg in die Aussegnungshalle 80

ABSCHIEDE 83
Der Bäcker und seine Vorräte 89
Später Vater 94

DIE SCHULDFRAGE ... 101
Der verhängnisvolle Irrtum ... 104
Durchsuchungen ... 107
Der Siegelring ... 109

JOBHOPPING ... 115
Tatort Schwiegermutter ... 117
Der afrikanische Student ... 120
Vom OP zum Einsatz ... 121
Der traurige Tote ... 124

DIE TRENNUNG ... 129
Verdachtsmomente ... 132
Neustart ... 134
Die unglückliche Mutter ... 136
Schwarze Schafe ... 139
Staatlich geprüfte Desinfektorin ... 142

KLICK ... 145
Das Rendezvous ... 148
Der Straßenbahnfahrer und sein Jägermeister ... 152
Der goldene Schuss ... 154

DIE GESCHICHTEN IN DEN HINTERLASSENSCHAFTEN ... 157
Das Poesiealbum ... 157
Eine unglückliche Liebe ... 159
Abschiedsbriefe ... 162

FERN, SCHNELL, GUT ... 165
Placebo ... 166
Wo die Bombe eingeschlagen hat ... 167
Der alte Mann und die Ordnung ... 172

DIE KRISE ... 175
Geliebter Alltag ... 179
Die Vertrauensfrage ... 180
Winnenden ... 182
Schwerhörig ... 185
Die traurigen Eltern ... 187

WOCHENENDDIENSTE ... 191
Antiquitäten in der Hundehütte ... 192
Der Geruch des Todes ... 193
Der Verpackungskünstler ... 194
Das Geheimversteck ... 196

FAMILIENZUWACHS ... 197
Der Axtmörder ... 201
Eine widerwärtige Entdeckung ... 202
Stern TV ... 204

LOCKMITTEL SWIMMINGPOOL ... 209
Der Umzug ... 210
Tierhortung ... 211
Ostern unter Wasser ... 212

ALL IN ONE: HAUSFRAU, MUTTER, PARTNERIN, MANAGERIN, TATORTREINIGERIN ... 215
Die Schwestern ... 216

Danksagung ... 219

PROLOG: DER KOPFSCHUSS

Der Anruf erreichte mich nachmittags. Am Apparat war eine Frau mit zittriger Stimme, der ich anhörte, dass sie kurz davor war, in Tränen auszubrechen. Sie wisse nicht, wie es in dem Raum aussehe, in dem sich ihr Mann – er war erst Mitte dreißig gewesen – erschossen habe. Die Polizei habe ihr dringend davon abgeraten, das Zimmer zu betreten. Sie solle jemanden mit der Reinigung beauftragen.
»Machen Sie so was?«
»Selbstverständlich, das ist meine Aufgabe«, sagte ich, als ob ich den Job schon seit zwanzig Jahren machen würde, und fuhr am frühen Abend los.
Es war einer dieser Frühlingsabende, die man sich am liebsten ins Fotoalbum kleben würde. Die Vorgärten der gepflegten Einfamilienhaussiedlung blühten um die Wette, überall leuchteten knallgelbe Forsythiensträucher, und die Vögel zwitscherten, was ihre kleinen Lungen hergaben. Es war der erste milde Abend in diesem Jahr, und in manchen Gärten saßen Menschen an eilig aus Gartenhäuschen hervorgeholten Tischen. Das Draußensein war noch nicht normal, es war improvisiert. Über allem lag ein Hauch von Vorfreude auf die kommende Jahreszeit. Über fast allem.
Ich wusste nicht, ob es Vorfreude war oder Angst, dieses Gefühl in meiner Magengegend. Auf jeden Fall war ich aufgeregt. Dies sollte mein erster Auftrag sein. Nun würde sich zeigen, ob ich das überhaupt konnte, Tatorte reinigen. Ich sprach mir Mut zu: Wieso sollte ich mich vorher schon mit irgendwelchen Wenns und Vielleichts beschäftigen. Ich ging davon aus, dass ich viel zu tun haben würde, denn

Wildschweinschrot – mit dem sich der Mann getötet hatte – ist grobe Munition. Nach diesem Auftrag würde ich klüger sein. Nach dem ersten Auftrag würde ich wissen, ob ich meiner Berufung gewachsen war.
Na ja, ich wusste eigentlich vorher schon, dass ich psychisch zu dem Job in der Lage war. Hatte mein Körper dieselbe Stärke wie mein Geist? Wie hoch war meine Ekeltoleranz? Wie gut konnte ich mit grauenvollen Anblicken umgehen? Würde ich mich auf das Wesentliche konzentrieren können, anstatt abzuschweifen und mir beispielsweise vorzustellen, was genau geschehen war? Würde ich meinen Job schaffen – oder er mich?

Mit kleinen, verweinten Augen empfing mich die auch in ihrer Trauer attraktive Frau an der Haustür. Wieder rang sie mühevoll um ihre Fassung. Ich selbst war nach der einstündigen Autofahrt sehr gefasst, und das machte es ihr ein wenig leichter, glaube ich.
Als die Frau mir nach der Begrüßung und einem kurzen Wortwechsel den Schlüssel zu einem Zimmer im ersten Stock reichte, atmete sie schwer. Ich bedankte mich und hörte sie laut aufschluchzen, als ich nach oben ging.
Vor der geschlossenen Tür zog ich meinen weißen Schutzanzug über und schlüpfte in die Überzieher für die Schuhe. Dann legte ich den Mundschutz und die Handschuhe an. Zum Schluss setzte ich die Schutzbrille auf. Die Atemschutzmaske, die mein bedrohliches Aussehen komplett machen würde, brauchte ich bei diesem Auftrag nicht. Der Mann hatte sich am Vormittag erschossen, und hier war nachweislich kein Gesundheitsrisiko vorhanden.
Gut verpackt und gesichert, fiel es mir nicht schwer, das Zimmer zu betreten. Mir konnte nichts passieren. Meine

Haut, meine Augen, meine Hände, mein Mund würden mit nichts Gefährlichem oder Unangenehmem in Berührung kommen. Selbst wenn etwas von der Decke tropfte oder ich in eine Blutlache fiele: Ich war bestens ausgerüstet.

Schutzkleidung ist besonders wichtig, wenn man Räumlichkeiten von HIV- oder Hepatitis-Verdächtigen säubert. Auch Tuberkulose kommt öfter vor, als man glaubt, und ist sehr ansteckend. Diese Schutzkleidung ist mein Dresscode, mein Blaumann, ganz einfach: meine Arbeitskleidung. Später sollte ich Fälle erleben, in denen mir Angehörige versicherten: »Er war gesund, absolut gesund, Sie brauchen sich nicht so zu verkleiden, als müssten Sie in einen Atombunker.«

Dann frage ich immer: »Sind Sie zu hundert Prozent sicher? Möchten Sie die Verantwortung für mein Leben übernehmen?«

Das geht natürlich nicht, niemand kann die Verantwortung für mein Leben übernehmen, doch so wird den Menschen schnell klar, dass ich mich nicht deshalb schütze, weil ich ihren Angehörigen für schmutzig oder ansteckend halte. Es gibt diese Sicherheit einfach nicht. Erstens kennen wir niemanden vollständig, und zweitens leiden viele Menschen an HIV oder Hepatitis oder anderen Krankheiten, ohne es selbst zu wissen, oder sie verheimlichen es vor ihren Angehörigen. Deshalb vertraue ich lieber meiner Arbeitskleidung als einer lapidaren Auskunft einer Person, die ich kaum kenne.

Ich drehte den Schlüssel zu meinem ersten Tatort im Schloss, öffnete die Tür einen Spalt und schlüpfte hinein. Die Fundstelle selbst befand sich direkt hinter der Tür, das

wusste ich von der Witwe, die es von der Polizei erfahren hatte.
Es gibt verschiedene Möglichkeiten, sich mit einem Schuss in die Mundhöhle zu töten. Heute erkenne ich anhand der Spuren sofort, welche gewählt wurde. Bei meinem ersten Tatort hatte jemand genau gewusst, was er wollte. Er hatte Spucke gesammelt oder vielleicht einen Schluck Wasser in den Mund genommen, als er abdrückte. Durch die Flüssigkeitsansammlung entsteht eine Druckwelle, die den Kopf regelrecht wegsprengt. In alle Richtungen.
Und genau so sah es in diesem Zimmer aus. Der Kopf des toten Mannes war im wahrsten Sinne des Wortes überallhin zersprengt. Bald würde ich ähnliche Fälle kennenlernen, bei denen ich Schädelknochen oder Gehirnmasse sogar in anderen Zimmern finden würde. Rein physikalisch ist es mir unerklärlich, wie das geschehen kann. Doch es ist so. Deshalb suche ich einen Tatort stets sehr, sehr gründlich ab.
Ich schloss die Zimmertür und schaute mich um. Langsam. Drehte mich im Kreis. Scannte die Decke, die Wände, den Boden, das Bett. Es gab einen begehbaren Kleiderschrank in diesem Schlafzimmer. Eigentlich war es nicht möglich, doch auch hier lagen ein paar Zähne. In der Holzdecke steckte ein Goldzahn.
Ich nahm diese Körperteile gar nicht richtig als Zähne wahr. Es waren einfach kleine Teile der großen Aufgabe, die ich zu bewältigen hatte. Mein Job war es, dieses Zimmer so zu säubern, aufzuräumen und wiederherzustellen, dass niemandem der Gedanke kommen würde, hier hätte ein Selbstmord stattgefunden.

Ein Bestatter kriecht normalerweise nicht unter das Bett, um zu sehen, was er noch alles einpacken kann. Ich habe

gerade bei Suizid mit Schusswaffen sehr oft sehr viel eingesammelt. Schädelknochen, Kieferknochen, einen Skalp, Finger, Zähne, Gebisse und reichlich Gehirnmasse. Ihre Konsistenz erinnert an Klebstoff oder Kaugummi. Aus Fugen von Deckenpaneelen ist sie manchmal nur mühsam zu entfernen.
Auch das viele Blut, das im ganzen Raum verspritzt war, würde mich herausfordern, denn ich wollte keinen einzigen winzigen Blutspritzer übersehen. Schließlich musste ich einschätzen können, welche Utensilien und Reinigungsmittel ich brauchen und wie lange ich am Einsatzort beschäftigt sein würde.

Ehe ich den Tatort verließ, öffnete ich das Fenster, zog meine Arbeitskleidung aus und steckte sie in eine Mülltüte – bis auf die Schutzbrille verwende ich alles nur einmal. Anschließend ging ich hinunter zu meiner Auftraggeberin, die in der Küche saß und ein aufgeweichtes Tempotaschentuch zu einer ausgefransten Schlange drehte. Kleine weiße Würmchen ringelten sich um ihren Stuhl. Es waren viele. Mindestens eine Packung Taschentücher.
»Möchten Sie etwas trinken?«, fragte sie mich.
»Ein Glas Wasser, gern«, sagte ich, obwohl ich keinen Durst hatte, doch ich wollte, dass auch sie etwas trank und wir beide noch ein paar Minuten hätten, um miteinander zu sprechen. Und tatsächlich, sie stellte zwei Gläser auf den Tisch, woraufhin ich uns beiden Wasser einschenkte. Dann erklärte ich ihr, wie ich vorgehen würde.
Ich spreche immer nur über den Raum. Ich berichte nie, was ich vorgefunden habe. Das muss ich auch nicht, denn wenn ich aufzähle: Die Wände müssen neu gestrichen werden, der Teppich muss raus, die Rattanmöbel müssen wir

leider wegwerfen, dann entstehen im Kopf meines Gegenübers schon mehr Bilder, als mir lieb ist. Deshalb bleibe ich vage, lege aber dennoch nachvollziehbar dar, was getan werden muss, um den Schatten der Tat von einem Ort zu tilgen.
Die Frau räusperte sich und sagte: »Ich will, dass das ganze Zimmer leergeräumt wird. Komplett. Alles. Auch das Bett, die Schränke, die Gardinen, alles. Es soll aussehen wie neu. Wie unbewohnt. Als wäre dort absolut nichts vorgefallen. Als wären wir …«, sie stockte, »… als wäre ich gerade erst eingezogen.«
»Gewiss«, nickte ich und verstand sie sehr, sehr gut.
Wir besprachen die Vorgehensweise, und ich sicherte ihr zu, den Auftrag innerhalb von achtundvierzig Stunden zu erledigen. Es war mir absolut klar, dass jemand in einer solchen Extremsituation keine Geduld hat. Und die sollte man auch nicht haben müssen, wenn er die Tatortreinigung Schendel beauftragte. Ich wollte nicht nur gründlich, sondern auch schnell sein. Zwei Tage später konnte ich den frisch gestrichenen Raum mit dem neuen Teppichboden picobello übergeben.
»Und was mache ich jetzt damit?«, fragte mich die Witwe, die ich nun schon ein bisschen besser kannte, weil wir einige Male länger miteinander gesprochen und sie mir Kaffee und Käsebrote angeboten hatte.
Ich zuckte mit den Schultern.
»Meine Freundin meint, ich soll es als Gästezimmer einrichten, aber ich bekomme ja so selten Besuch. Und irgendwie erscheint mir das auch nicht passend.«
»Das müssen Sie doch nicht heute entscheiden«, erwiderte ich. »Jetzt haben Sie erst mal alles tipptopp, und was Sie damit machen, das wird sich schon noch ergeben.«

Zum Abschied lud mich die Witwe zu einer Kartoffelsuppe ein, wie sie ihr Mann so gern gegessen hatte.
Ich bin in den nächsten Jahren noch ein paar Mal bei ihr vorbeigefahren und habe mich erkundigt, wie es ihr geht. Das Zimmer hat sie irgendwann als Nähstube eingerichtet mit schönen bunten Vorhängen, wie ich von der Straße aus sehen konnte.

DER MANN AUS DEM PARTERRE

Meine erste Leiche entdeckte ich im Alter von sechs oder sieben Jahren. Der Mann war schon länger tot. Er wohnte im Parterre unseres Mietshauses in Ostberlin, drei Etagen unter der Wohnung meiner Eltern. Normalerweise waren die Fenster in der Parterrewohnung tagsüber geschlossen. Diesmal nicht. Plötzlich stand ein Fenster offen, und das wunderte mich.
Ich saß auf der Fensterbank in meinem Kinderzimmer und beobachtete ein Vogelnest, als die erwachsene Tochter ihren Vater besuchen wollte. Auch sie bemerkte das offene Fenster, ging näher heran, spähte in die Wohnung, beugte sich weit nach vorne und fing an zu schreien. Dann lief sie weg. Was war da los? Neugierig starrte ich nach unten, konnte aber nichts erkennen.
Am besten, ich würde selbst mal nachsehen. Mein Papa hielt sein Mittagsschläfchen. Er war nierenkrank und legte sich nach dem Essen gern eine Weile ins Bett. Auf Zehenspitzen, um ihn nicht zu wecken, schlich ich durch den Flur, öffnete leise die Wohnungstür und flitzte die Treppen hinunter ins Erdgeschoss. Die Haustür stand offen an diesem herrlichen Frühlingsnachmittag. Später würde ich mit einer Schulkameradin zum Spielplatz gehen. Wir würden bis zum Himmel hoch schaukeln.
Jetzt sprang ich über die Fahrradständer und lief an der Hauswand entlang bis zu dem offenen Fenster unter meinem Kinderzimmer. Da lag schräg auf dem Bett ein aufgepumptes Ding in Lila. Die Wände um das Bett waren gesprenkelt mit dunklen Flecken. Auch das Fenster war vol-

ler dunkler Flecken. Ich wusste nicht, dass das Blut war. Auf den ersten Blick war auch nicht erkennbar, dass das dicke Ding einmal unser Nachbar gewesen war. Erst später erfuhr ich, dass sich die Haut des Mannes im Verwesungsprozess verfärbt hatte und dass er nicht dick, sondern aufgebläht war von Faulgasen. Ich schaute mir alles genau an. Dieses Bild sehe ich noch heute vor mir, als hätte ich ein imaginäres Foto davon gemacht.

Als mein Vater von seinem Mittagsschlaf aufwachte, sagte ich zu ihm: »Papa, da unten liegt ein Toter im Bett.«
Ich weiß nicht, woher ich wusste, dass der Mann tot war. Vielleicht hatte ich es aufgeschnappt durch mein offenes Fenster, denn natürlich blieb das Eintreffen der Polizei nicht unbemerkt, und die Nachbarn unterhielten sich aufgeregt.
»Das kann nicht sein«, sagte mein Vater.
»Es ist der Mann von Parterre, Papa, und er ist ganz lila.«
»Du spinnst.«
»Nein, tu ich nicht! Du kannst ja selber kucken.«
Mein Vater ging langsam zum Fenster an der Hofseite und schaute hinaus.
»Da siehst du nichts. Du musst mitkommen!« Ich packte ihn an der Hand und zog ihn die Treppen hinunter bis ins Erdgeschoss. Im Hausflur trafen wir auf zwei grau gekleidete Männer, die eine längliche Kiste trugen.
Mein Vater sagte: »Du hast recht gehabt. Komm Antje. Wir gehen wieder nach oben.«
Diesmal nahm er mich bei der Hand. Er fragte mich nichts. Wollte nicht wissen, woher ich von dem Toten wusste. Das wunderte mich nicht. So war mein Papa. Er redete wenig und über Gefühle erst recht nicht.

Natürlich erzählte ich auch meiner Mutter von dem lila Mann in der Parterrewohnung, als sie abends aus dem Blumenladen kam, in dem sie als Floristin arbeitete. Mein Vater war wegen seiner Krankheit schon länger nicht mehr berufstätig. Bei uns sorgte Mutti für das Auskommen. An diesem Abend brachte sie meine Lieblingsblumen mit: Fresien. Die gab es nicht oft in der ehemaligen DDR. Aber wenn welche bei der Lieferung waren, schenkte Mutti mir zwei, drei Stängel. Ich konnte nie genug von ihrem überwältigenden Duft kriegen.

Später hat mich einmal eine Bekannte gefragt, warum ich keine Fresie vor die Tür des Nachbarn gelegt habe. Auf die Idee wäre ich gar nicht gekommen. Ich war weder traurig noch geschockt von dem Ereignis. Ich hatte es einfach nur wahrgenommen. Als Bild. Damals war der tote Mann für mich nicht der Nachbar, den ich vom Sehen kannte. Ich brachte den Anblick des älteren Herrn aus dem Parterre nicht zusammen mit dem monströsen Etwas in einer lilafarbenen Hülle.
Weil er so stark aufgebläht war, lag er seitlich. Es ist ganz typisch, dass sich in einem solchen Zustand die Gliedmaßen abspreizen. Viele Menschen erinnern sich an die Bilder der aufgeblähten Leiber, die nach dem Tsunami 2004 wie gestrandete Wale an den Küsten Thailands in der Sonne lagen. Die waren nicht dick vom Wohlstandstourismus, die waren aufgebläht. Hitze und Feuchtigkeit beschleunigen den Verwesungsprozess.

Der Verwesungsprozess verläuft bei jedem Körper anders. Es gibt Fälle, da liegen Leichen zwei Tage und man sieht kaum etwas. Bei anderen ist nach einem Tag nicht mehr erkennbar, ob die Haut am lebendigen Leib einmal weiß oder schwarz gewesen war. Die Haut verändert sich rasch, beim normalen Verwesungsprozess von blau bis zu dunkellila und dann schwarz.

Manchmal dauert es sehr lange, bis ein Toter gefunden wird. Je länger, desto schwieriger ist es, den lebendigen Menschen, der er einmal war, in diesem Anblick zu entdecken.
Auch die Kleidung eines Verstorbenen spielt eine Rolle. Besteht sie aus Synthetik oder aus Baumwolle? In Synthetikkleidung »schwitzt« der tote Körper mehr; Wärme beschleunigt die Verwesung. In ganz schlimmen Fällen muss der Bestatter die sterblichen Überreste mit einer Schaufel einsammeln.

In Amerika gibt es sogenannte Bodyfarmen. An Körpern von Menschen, die ihre sterblichen Überreste nach dem Tod für die Forschung freigegeben haben, werden dort Verwesungsprozesse unter verschiedensten Umständen untersucht. Auch die Spezialisten des FBI werden hier geschult.
Ich selbst würde sehr gerne einmal ein Praktikum auf einer Bodyfarm machen. Es interessiert mich, wie die Beschaffenheit von Kleidung den Verwesungsprozess beeinflusst. Diese Frage ist der einzige Schnittpunkt, der meine ehemalige Karriere als Model mit meinem heutigen Beruf als Tatortreinigerin verbindet: Das Interesse an Kleidung, wenn auch aus Gründen, die unterschiedlicher nicht sein könnten.

Bei meiner Arbeit als Tatortreinigerin werde ich nur sehr selten mit einer vollständigen Leiche konfrontiert. Ich bin

für die Reste zuständig, die sich von einem Körper gelöst haben, ob durch natürliche Verwesung oder Gewalteinwirkung. Teile von Kopf und Kiefer, Schädelplatten, Knochensubstanz, Gehirnmasse, Skalps, Kleingliedmaßenteile wie Finger und Zehen.
So wenig wie mein erster Toter im Haus meiner Eltern mich schockierte, so wenig belasten mich auch die unzähligen Tatorte, die ich gesäubert habe. Natürlich geht mir die eine oder andere Geschichte nah. Zuweilen erfahre ich viel über die Familienverhältnisse eines Verstorbenen, schließlich spreche ich manchmal lange und intensiv mit Angehörigen. In so einer Extremsituation kann sehr viel Nähe unter fremden Menschen entstehen, und manchmal entwickeln sich daraus sogar Freundschaften. Ich versuche mich in die Angehörigen hineinzuversetzen. Was kann einem Schlimmeres passieren, als einen geliebten Menschen unter tragischen Umständen zu verlieren!
Doch am Tatort selbst, da funktioniere ich professionell. Wenn mich jemand fragt, wie ich das schaffe, dann sage ich: »Ich war schon immer so«, und denke manchmal an den Mann aus dem Erdgeschoss. Das aufgeblähte lilafarbene Etwas hat sich nie als Gespenst in meine Kinderträume eingeschlichen. Ich habe es geistig fotografiert und abgelegt.
Diese positive Eigenschaft, mich gut distanzieren zu können, habe ich für mein Lebenswerk genutzt. Heute ist die Tatortreinigung »mein Baby«. Ich liebe meinen Beruf. Und, mal abgesehen davon: Irgendjemand muss das ja machen. Ohne Frage ist es besser, diese Aufgabe von einem Profi erledigen zu lassen, bei dem sie keine schädlichen Spuren hinterlässt.
Tatortreinigung gehört nicht zu den Berufen, die man so nebenbei lernen kann oder die man nur lange genug ge-

macht haben muss, um irgendwie irgendwann abzuhärten. Man kann es oder eben nicht. Und damit meine ich keinesfalls das Know-how. Sicher, es erfordert viel Spezialwissen und Engagement, doch das kann man nur einsetzen, wenn man die psychischen Voraussetzungen erfüllt. Hier sollte man sich selbst realistisch einschätzen und sich nicht zu viel zumuten. Man sollte sich vorher darüber klar sein, was auf einen zukommt und ob man sich dem gewachsen fühlt. Danach ist es zu spät. Bei der Tatortreinigung gibt es keine Testphase.
Aus Erfahrung weiß ich, dass viele Menschen mit den Anblicken, die sich mir alltäglich bieten, auch wenn sie nur einige Sekunden dauern, manchmal vielleicht nur einen Sekundenbruchteil, ihr Leben lang nicht fertig werden. Der Schreck brennt sich in die Seele ein und belastet sie zuweilen bis ans Lebensende. Vielleicht habe ich eine Brandschutzmauer um meine Seele? Ich mache mir keine Gedanken darüber. Ich erfülle einfach meinen Job, und zwar mit Herzblut und aus vollster Überzeugung. Ich liebe meinen Beruf. Damit helfe ich den Betroffenen am meisten. Und das macht mich manchmal richtig glücklich.

Selbstverständlich gibt es auch Fälle, die mir an die Substanz gehen. Das Baby, das von seinem eigenen Vater mit vierzig Messerstichen in der Wiege hingemetzelt wurde. Das Kissen blutdurchtränkt. Der Lokführer, der eine junge Frau überfahren hat und nicht mehr aufhörte zu zittern. Dem hilft es nicht, wenn man ihm sagt, dass die Frau das mit Absicht gemacht hat. Er hat sie nicht mit Absicht überfahren. Ihr Suizid hat sein Leben ins Wanken gebracht, vielleicht sogar zerstört. Der Film des Grauens läuft in einer Endlosschleife und kann nicht verarbeitet werden.

Warum ich zu den Menschen gehöre, die solche Eindrücke gut verarbeiten können, weiß ich nicht. Ich habe auch nicht gleich nach der Schule mit diesem Beruf begonnen; ich nahm einen Umweg über den Laufsteg. Dreizehn Jahre lang verdiente ich mein Geld als gut bezahltes Fotomodell in Berlin und London. Dann wechselte ich die Location und machte mich als Tatortreinigerin selbstständig. Heute blicke ich auf mehr Tatorte als auf Fotoshootings zurück.
Ich kann mir nichts Gegensätzlicheres vorstellen als diese beiden Berufe. Meine Wahl habe ich nie bereut. Ich lebe in keiner Scheinwelt mehr, sondern auf dem Boden einer oft gnadenlosen Realität. Das gefällt mir wesentlich besser als Glamour und Glitter. In meiner Zeit als Model kam es vor allem darauf an zu funktionieren. Als Tatortreinigerin funktioniere ich natürlich auch. Aber darüber hinaus ist mein Feingefühl gefragt. Darauf kommt es an. Das macht die Besten in meiner Branche aus.
Wenn ich mit Angehörigen zu tun habe, stelle ich meine Dienstleistung als Tatortreinigerin erst mal hintenan. Mit einem Todesfall klarzukommen ist für viele Menschen sehr schwer. Besonders, wenn es sich um einen Suizid handelt. Weil ich selbst in meinem Leben eine Reihe von Schicksalsschlägen erfahren habe, spüren die Angehörigen, dass ich nachempfinden kann, wie sie sich fühlen. Deshalb finde ich meistens auch die richtigen Worte. Gelegentlich merke ich, wie den Menschen förmlich ein Stein vom Herzen fällt. Endlich jemand, der sie versteht. Der sich vorstellen kann, wie sich das anfühlt, wenn im Wohnzimmer irgendwo neben dem Fernseher der Mann, der Bruder, der Schwager liegt. Erschossen. Und die Polizei hat geraten: »Gehen Sie da lieber nicht rein«, während die Nachbarn wissen wollen: »Was ist denn da los?« Am

schlimmsten sind manchmal die Selbstvorwürfe. »Warum hab ich nicht? Hätt ich doch!«
Sollte man nicht doch reingehen? Wäre das nicht: ein letzter Dienst? Aber wenn man es sich nicht zutraut, wenn einem schon beim bloßen Drandenken mulmig wird – und woher soll jetzt Hilfe kommen? Wem kann man das zumuten, den Tatort zu reinigen? Wer ist diskret und vertrauenswürdig? Und wer macht das fundiert und mit dem gebotenen Feingefühl und Respekt?
»Sie? Eine Frau?«
»Ja, ich. Antje Schendel. Tatortreinigerin.«

SPURENSUCHE IN OSTBERLIN

Als ich zehn Jahre alt war, bekam mein Vater eine künstliche Niere, weil keine Spenderniere für ihn gefunden wurde. Dass man sich darum wirklich bemüht hat, möchte ich bezweifeln. Die Jahre davor war mein Vater immer krank. Als meine Eltern 1974 heirateten – ich war damals zwei Jahre alt –, ahnten sie noch nichts von dem Schicksal der schweren Krankheit. Ich selbst habe keine Erinnerung an meinen gesunden Vater. Deshalb ist der kranke Vater auch nichts besonders Trauriges für mich. Das war einfach so bei uns. Ich kannte es nicht anders.
Mein Vater war ein auffallend ausgeglichener Mensch und strahlte Ruhe und Gelassenheit aus. Ich musste mich schon sehr danebenbenehmen, um ihn wütend zu machen. Äußerst selten kam dann der lange rote Plastikschuhlöffel zum Einsatz. Bei meiner Mutter musste ich mich etwas weniger anstrengen, dafür blieb der Plastikschuhlöffel an seinem Platz neben der Garderobe. Meiner Mutter rutschte gelegentlich die Hand aus.
Im Rückblick würde ich sagen, dass ich meine wenigen Strafen wirklich verdient habe. Ein Musterkind war ich nämlich nicht, dazu war meine Neugier zu groß. Und doch gelang es mir niemals, meine Eltern gegeneinander auszuspielen. Was meine Erziehung betraf, waren sie stets einer Meinung oder gaben das in meiner Gegenwart zumindest vor. Heute, als zweifache Mutter, weiß ich, dass sie sich klug verhalten haben. In meinem Beisein wurde niemals ein Streit ausgetragen, so dass ich gar nicht weiß, ob es zwischen meinen Eltern überhaupt Streitpunkte gab.

Die schwere Krankheit meines Vaters belastete mich in keiner Weise. Meine Eltern hielten sie wahrscheinlich so gut wie möglich von mir fern. Oder es war eben normal, so normal, dass man nicht darüber sprechen musste. Andere Väter gingen einmal in der Woche kegeln, mein Papa fuhr zweimal in der Woche zur Blutwäsche ins Krankenhaus. Das war unser Alltag.
Schöner fand ich es natürlich, wenn Papa zu Hause war. Am allerschönsten war es, wenn wir zusammen bastelten oder irgendwelche Sachen reparierten. Mein Vater war immer sehr bedacht darauf, mir alles ganz genau zu erklären, da wurde der ehemalige Schlosser zum Lehrer. Papa hatte eine großartige Begabung, Wissen zu vermitteln. Seine Beispiele waren kindgerecht, und noch heute profitiere ich von den handwerklichen Kenntnissen, die er mir bei unseren gemeinsamen Basteleien beibrachte. Sehr gern schraubte ich mit ihm zusammen an unserem Trabi.
»Antje, gib mir mal einen Schraubenzieher – prima. Genau den brauch ich. Und jetzt die Knarre.«
Stolz reichte ich das Verlangte. Papa lobte selten, doch ich merkte es deutlich, wenn er zufrieden mit mir war.
Zuerst hatten wir einen cremefarbenen Trabi, später einen grünen. Den taufte ich auf den Namen Kermit, wie die Figur aus der Muppet Show. Die Sendung durfte ich immer im Westfernsehen kucken, das war in Ostberlin weit verbreitet.
In meiner Schulzeit hatte ich, wie in der DDR üblich, auch Handwerksunterricht, und später machte ich einige Praktika in Fabriken. Koch- und Nähunterricht waren seinerzeit Pflicht, und meiner Meinung nach gehört das heute noch auf den Lehrplan.

Wenn ich mal nicht mit meinem Papa an irgendetwas herumschraubte, spielte ich mit meiner besten Freundin Manuela. Am liebsten bauten wir uns im Hof eine Höhle, indem wir viele Decken an den Wäscheleinen befestigten. Um eine perfekte Höhle mit verschiedenen Zugängen zu gestalten, brauchte es sehr viele Wäscheklammern und Decken – und schon wieder war ein Nachmittag vorbei.
Überhaupt war ich gern draußen an der frischen Luft, wo ich mit Begeisterung auf Bäume, über Mauern und Zäune kletterte. Wenn ich ein Haustier ohne Herrchen oder Frauchen auf der Straße entdeckte, nahm ich den traurig dreinblickenden Hund oder das vermeintlich arme Kätzchen kurzentschlossen mit nach Hause.
»Antje! Nicht schon wieder!«, rief meine Mutter dann jedes Mal, packte das entführte Tier und lief damit durch die Gegend, um den rechtmäßigen Besitzer zu finden, der genauso überglücklich wie ich unglücklich war. Eines Tages hatten meine Eltern ein Einsehen und schenkten mir einen Hund aus dem Tierheim: Cassy. Meine Freude währte nur kurz, denn Cassy war bissig und musste eingetauscht werden, gegen Fiffi, ein Meerschweinchen.

Ich hatte in meiner Kindheit nie das Gefühl, mir fehle etwas. Die Ferien verbrachten wir sogar am Meer, wenn auch an der Ostsee, wo die ehemalige Firma meines Vaters ihren Angestellten Bauwägen auf einem Campingplatz zur Verfügung stellte. Ich war begeistert! Mein Vater packte seine Angel aus und war zufrieden. Und meine Mutter genoss es, ihre Hausarbeit im Freien zu machen. Beim Kartoffelschälen vor dem Bauwagen sang sie manchmal. Am liebsten Lieder von Peter Maffay. Leider konnte sie nicht gut singen, was ihre Laune nicht trübte.

An manchen Wochenenden früh morgens begleitete ich meinen Vater auch zu Hause beim Angeln. Wir fuhren nach Buckow, was etwa eine Stunde entfernt lag von Treptow, wo wir im Ortsteil Adlershof wohnten. Auch beim Angeln erklärte mir mein Vater alles in großer Ruhe und mit anschaulichen Beispielen und ließ mich viel selber machen. Das Töten der Fische übernahm er. Er schnitt sie auch auf, und ich holte mit meinen kleinen Händen die weißen Blasen heraus, wie er es mir erklärt hatte.
»Hast du fein gemacht, Antje«, lobte er mich dann mit seiner dunklen Stimme.
Mittags brachten wir unsere Beute zu Mutti, die briet sie in der Pfanne.

Mein Vater war ein sehr attraktiver Mann. Auf manchen Fotos erinnert er mich an James Dean. Mit zunehmendem Alter sah man ihm jedoch seine schwere Krankheit deutlich an. Die Haut wurde fahl, und sein Gesicht fiel förmlich ein. Er wurde schnell kurzatmig und hatte Schwierigkeiten mit dem Gehen.
Auch das war für mich normal. Mein Papa spielte nicht Fangen mit mir, mein Papa bewegte sich langsam fort, mit seinem ganz typischen Gang: Er pendelte hin und her, und so erkannte ich ihn von weitem immer sofort. *Da kommt mein Papa!* Als er immer schlechter Luft bekam, zogen wir von Adlershof nach Ahrensfelde, dort wurde uns eine Wohnung im ersten Stock zugewiesen.

Niemand bereitete mich darauf vor, dass die gemeinsame Zeit mit meinem Vater sehr kurz sein würde. Welches Kind denkt auch über so etwas nach. Mein Papa war krank, na und! Sicher bekam ich hin und wieder Anspielungen mit, doch die verstand ich gewiss nicht so, dass ich bald Halbwaise sein sollte. Und außerdem lebte mein Vater jetzt schon länger, als ihm prophezeit worden war. Warum also nicht noch viele Jahre mehr?

Bei meinen Schulkameraden hatte ich einen schweren Stand und deshalb oft große Angst, zur Schule zu gehen. Egal, was ich machte, es schien immer das Falsche zu sein, und ich wurde häufig verprügelt, einfach so. An einem Tag waren alle nett zu mir, am nächsten Tag warfen sie meinen Tornister in den Gully.
Ich fühlte mich hilflos und allein. Heute würde man das Mobbing nennen. Meinem Vater erzählte ich nichts von meinem Kummer. Vielleicht wollte ich ihn nicht damit belasten. Vielleicht wusste ich aber auch, dass er mir nicht helfen konnte. Ich wandte mich an meine Mutter. Leider setzte sie sich nicht für mich ein. Sie reagierte nicht so, wie ich es mir gewünscht hätte. Sie war nicht der Typ dafür, Stellung zu beziehen, in die Schule zu gehen und sich zu beschweren. Ich war auf mich allein gestellt.

Viele Jahre später bei einem Klassentreffen fragte ich einen meiner ehemaligen Kameraden, warum er und die anderen so eklig zu mir gewesen waren. »Ich war nicht hässlich, ich war nicht dick, ich war völlig normal und habe euch nichts getan. Warum habt ihr mich nicht in Ruhe gelassen?«
»Keine Ahnung«, war sein ganzer Kommentar, und ich dachte mir, wenn man einmal zum Opfer geworden ist, ist es sehr schwer, da wieder rauszukommen.

Als ich größer und kräftiger wurde, wehrte ich mich. Ich bekämpfte meine eigene Angst mit Courage. Die Folge

war, dass meine Mutter nun doch zur Schule musste – um sich den Tadel über ihre Tochter anzuhören.
Mir war das egal, ich war glücklich, dass ich meine Angst besiegt hatte. Wenn mich nun jemand provozierte, ergriff ich sofort Gegenmaßnahmen, um die Situation unter Kontrolle zu bringen. Da konnte ich schon mal einem Kameraden in den Arm beißen. Für mich war das Notwehr. Nur nicht mehr zurück in die Zeiten der Bedrängnis!

Kürzlich hat mich per E-Mail die Nachricht eines ehemaligen Klassenkameraden erreicht, der mich im Internet gefunden hatte – einer meiner schlimmsten Peiniger seinerzeit.
»Ich fand dich schon immer total super«, schrieb er mir.
Das hatte ich seinen fantasievollen Grausamkeiten nicht entnehmen können. Einmal ließ er sich etwas besonders Nettes für mich einfallen: ein Spinnenattentat.

An Maden habe ich mich mittlerweile gewöhnt. Sie sind eigentlich fast immer vor Ort. Auch Fliegen machen mir nichts aus. Aber fette schwarze Spinnen – vor denen ekelte ich mich schon als Kind, und ich meide sie bis heute. Zum Glück begegne ich ihnen selten.
Die normalen Hausspinnen, die *Opalangbeine,* wie wir sie nennen, also Weberknechte, machen mir nichts aus. Nur wenn sie schwarz und knubbelig dick sind. An den Tatorten, die ich säubere, sind Spinnen zum Glück selten. Ich habe auch nie wieder so viele auf einem Haufen gesehen wie damals in der Schulzeit, als mein ehemaliger Klassenkamerad extra viele für mich gesammelt hatte.

Eines Nachmittags klingelte es bei uns an der Tür. Ich schaute durch den Spion und sah besagten Klassenkameraden.
»Ich will dich besuchen, mach mal auf!«
Den lass ich nicht rein, beschloss ich, obwohl ich keine Ahnung hatte, dass er eine Dose voller Krabbelgetier für mich gesammelt hatte. Ich befürchtete allerdings, dass er wusste, dass unsere Tür von außen leicht zu öffnen war. Weil ich meinen Hausschlüssel einige Male verloren hatte, gab es einen Knauf an unserer Tür, damit man auch ohne Schlüssel in die Wohnung kam. Diese Idee hatte natürlich mein praktisch veranlagter Vater gehabt und den Knauf eigenhändig montiert. Wenn nicht abgesperrt war, kam jeder zu uns in die Wohnung.
Normalerweise hatten wir nichts zu befürchten. Doch an diesem Nachmittag hatte ich kein gutes Gefühl, was den Überraschungsbesuch betraf. Ich lehnte mich mit dem Rücken gegen die Tür, um sie zu blockieren. Plötzlich krabbelte es überall. Schwarze fette Monster. Ich brüllte wie am Spieß. Mein Vater schreckte aus seinem Mittagsschlaf hoch und trat die Spinnen tot, die mein Feind von oben durch den Briefschlitz über mich schüttete, während ich schreiend herumsprang.
Diese Attacke habe ich bis heute nicht vergessen, obwohl ich mich, wie gesagt, mit Insekten und kleinen ekligen Tierchen mittlerweile auskenne.

Da mein Vater Invalidenrentner war, durfte er hin und wieder nach Westberlin reisen. Die Aufregung der Erwachsenen, die das natürlich toll fanden, steckte mich an, auch wenn ich den Grund dafür damals nicht verstand. Es war, als würde mein Vater in eine andere Welt reisen. Wenn er

wieder einmal in den Westen fuhr, blieb ich bis in die Nacht hinein auf und wartete in seinem Bett auf ihn. Meine Mutter konnte mich nicht dazu bewegen, schlafen zu gehen, so aufgeregt war ich.
Von seinem ersten Besuch im Westen brachte er mir eine Muschelkette mit. Muscheln von ganz weit weg. Nicht bloß von der Ostsee, richtig weit weg, aus einem fremden Land. Ich war fasziniert von der Vorstellung, woher die Muscheln stammten, was sie im Meer erlebt hatten. Und ich war ein wenig beschämt, dass mein Vater von den knappen Ersparnissen, die er in der fremden Währung besaß, so etwas Kostbares für mich gekauft hatte. Ich wagte es nicht, die Kette zu tragen, in der Angst, sie könnte reißen. Stattdessen hängte ich sie an die Wand, da war sie in Sicherheit, und ich hatte sie immer vor Augen.

Eine Umsiedlung in den Westen war in meiner Familie kein Thema; es wäre meinen Eltern zu unsicher gewesen. In der DDR hatte Mutti ihren festen Job, und meine Eltern wussten, wie alles ablief. Mit den Jahren wurde ich jedoch wütend auf dieses System, das meinem Vater die schonenderen Medikamente verwehrte, die ihm das Leben erleichtert hätten. Da er invalidisiert war, mutete man ihm zwanzig Tabletten pro Mahlzeit zu.
»Als Invalide haben Sie die Möglichkeit, in den Westen zu reisen und sich dort andere Medikamente zu besorgen«, verhöhnte man ihn.
Als ob das so einfach gewesen wäre! Woher hätten wir denn das Geld für die teuren Tabletten nehmen sollen? In unserem Wohnzimmer stand ein schmaler Schrank, der war von oben bis unten voll mit Medikamenten, die mein Vater täglich einnehmen musste. Wegen dieser Medika-

mente konnte er auch kein Liebesleben mit meiner Mutter aufrechterhalten, wie sie mir viele Jahre später anvertraute. Ich glaube, dass die mit der Krankheit einhergehenden Schwierigkeiten und Papas Unfähigkeit, Gefühle zu zeigen, zur Trennung meiner Eltern führten, zumindest als Paar. Freunde blieben sie weiterhin. Meine Mutter gestand mir später, dass es für sie sehr schwer gewesen sei mit meinem Vater. Sie hätte gern mal gehört, dass er sie liebe. Sie wäre gern mal in den Arm genommen worden. Mein Vater hatte keine solchen Bedürfnisse. Wenn sie was brauchte oder sich was wünschte, musste sie sich das holen. Von sich aus hatte mein Vater offensichtlich kein Verlangen nach körperlicher Nähe. Oder er konnte es vielleicht auch nicht zeigen. So wie ich. Ich habe manchmal auch ein wenig Schwierigkeiten damit, Emotionen zu zeigen. Das macht mir nichts aus. Das ist eben so. Da bin ich ganz Papas Tochter. Ein Gutes hat es immerhin auch: Es erleichtert meinen Beruf ungemein.

Die Scheidung

Meine Eltern ließen sich scheiden, als ich vierzehn war. Meine Mutter kümmerte sich weiterhin um meinen Vater. Er zog in eine Wohnung zwei Querstraßen entfernt von uns. Leider lebte meine Mutter mit einem neuen Partner zusammen: mit meinem Stiefvater Bernhard, den sie später auch heiratete.

Bernhard akzeptierte weder meinen Vater noch mich. Er wollte meine Mutter für sich alleine haben. Manchmal kam es mir so vor, als wollte Bernhard meine Mutter am liebsten in einen Glaskasten sperren – und der Schlüssel dazu hätte allein ihm gehört. Mit gefiel es nicht, dass sich meine Mutter dieses besitzergreifende Verhalten bieten ließ. Ich ver-

stand nicht, was sie an diesem Mann so toll fand, dass sie Papa für ihn verlassen hatte. Und ich litt sehr darunter, dass sie immer zu ihm hielt.
Einmal beschuldigte Bernhard mich, ich hätte eine Schachtel Zigaretten aus seinem Nachtschränkchen gestohlen.
»Aber ich rauche doch gar nicht!«
»Ich weiß genau, dass du sie genommen hast.«
»Hab ich nicht!«
»Doch das hast du! Ich habe meine Zigaretten abgezählt.«
»Ich geh doch nicht einfach so an deinen Schrank.«
»Wer soll sie denn sonst genommen haben?«
»Was weiß denn ich! Ich jedenfalls habe es nicht getan. Mutti, sag doch was!«
Doch meine Mutter sagte nichts, und an ihrem Gesicht konnte ich ablesen, dass sie ihrem neuen Mann glauben wollte, nicht ihrer Tochter.

Ich fühlte mich unverstanden, ungerecht behandelt und sehr alleine und lief zu meinem Vater.
»Papa, der Bernhard ist so gemein zu mir! Ich glaube, der macht das alles mit Absicht, damit Mama mich nicht mehr mag. Der denkt sich dauernd solche Sachen aus, um ein schlechtes Licht auf mich zu werfen und Mama immer mehr auf seine Seite zu ziehen.«
Ruhig hörte mein Vater meine Klage an. Einen Kommentar durfte ich von ihm nicht erwarten, doch es tat mir schon gut, endlich mal Dampf abzulassen.
Ich weiß nicht, ob meinem Vater die Trennung von meiner Mutter schwerfiel. Wie immer merkte ich ihm nichts an. Er zeigte keine Gefühle und wirkte, als wäre alles in Ordnung. Er war die Ruhe in Person, auch wenn überhaupt nichts in Ordnung war.

Ein Jahr nach der Trennung meiner Eltern wurde bei meiner Mutter die Krankheit Multiple Sklerose diagnostiziert. Nun musste auch sie oft ins Krankenhaus, und manchmal pendelte ich zwischen den Krankenhäusern hin und her, besuchte erst meine Mutter, dann meinen Vater oder umgekehrt. Mein Vater war nicht nur wegen der Blutwäsche häufig im Krankenhaus, es gab auch immer mal einen Zwischenfall oder eine Verschlechterung seines Zustands, die einen kurzen stationären Aufenthalt erforderlich machte.

Wenn meine Mutter ins Krankenhaus eingewiesen wurde, besuchte mein Stiefvater sie nicht. Das nahm ich ihm sehr übel. Meine Mutter verteidigte ihn: »Er hat so viel Arbeit.«
»Aber doch nicht rund um die Uhr«, widersprach ich.
»Letzte Woche hat er sich zwei Stunden angestellt und mir eine Orange gebracht.«
»Letzte Woche warst du zu Hause. Hier im Krankenhaus sollte er sich mal blicken lassen.«
»Die Verbindung mit der Bahn ist so schwierig.«
»Ich finde, es gehört sich einfach, seine Frau im Krankenhaus zu besuchen!«

Doch da war Bernhard anderer Meinung. Vielleicht ertrug er es einfach nicht, meine Mutter krank zu sehen. Ich jedenfalls ertrug es nicht, dass er sie nicht besuchte. Sein Verhalten war mir unverständlich. Es gab Momente, in denen hasste ich ihn. Inständig hoffte ich, meine Mutter würde einen anderen Mann kennenlernen. Einen richtig netten, der sie im Krankenhaus besuchen würde und Verständnis dafür zeigte, wenn sie einen MS-Schub erlitt. Einen neuen Mann, den ich auch mochte und der mich nicht so schlecht behandeln würde, wie ich es von Bernhard gewohnt war.

Einmal sah es ganz danach aus. Ich war begeistert von dem Westler, der in dem Krankenhaus, in dem meine Mutter lag, gestrandet war. Eigentlich war er beruflich in Ostberlin gewesen, wo ihn, der ebenfalls an MS litt, ein Schub ereilt hatte, so dass er erst einmal ärztlich behandelt werden musste. Nach allen Regeln der Kunst machte er meiner Mutter den Hof. Er schickte ihr Blumen und Geschenke.
Doch zu meinem Leidwesen war meine Mutter nach wie vor auf Bernhard fixiert. Was auch immer er machte, es war gut und richtig. Ständig verteidigte sie ihn und fand Entschuldigungen für sein Verhalten. Wann immer ich genug davon hatte, besuchte ich meinen Vater. Er ergriff niemals Partei, egal, was vorgefallen war. Aber er hörte mir aufmerksam zu, und danach ging es mir wieder ein bisschen besser.

Wegen meines Turntrainings war ich zum Glück selten zu Hause. Bereits im Kindergarten hatte mich der Sportclub Dynamo Berlin angeworben; ich war schon immer sehr gelenkig gewesen. Das Training fand im ehemaligen Militärstützpunkt *Wachregiment Feliks Dzierzynski* in Adlershof statt, wo Spitzensportler »herangezüchtet« wurden. Bis zu meinem sechzehnten Lebensjahr war ich mehrfach in der Woche im Training, lernte dort auch Schießen mit einer AK 74.
Während meiner aktiven Sportlerzeit bekam meine Mutter sogar einen Ernährungsplan ausgehändigt, auf dem für jeden Tag aufgelistet war, was ich essen sollte. Ich kann mich nicht erinnern, dass ich jemals gehungert hätte, aber als Jugendliche war ich sehr dünn. Als wir noch mit Papa zusammenwohnten, hatte meine Mutter täglich drei unterschiedliche Essen gekocht: einmal die vorgeschriebenen Speisen für mich, dann die Diät für meinen Vater – für ihn buk sie

sogar selbst Brot – und schließlich das, was ihr selbst schmeckte.
Mein Vater kochte eher selten, obwohl er superleckere Buletten mit Bratkartoffeln zubereiten konnte, die damals nur von meiner Mutter gegessen wurden. Dafür betätigte er sich ansonsten viel im Haushalt. Ich glaube, es gab nichts, was er nicht konnte. Viele Alltagsdinge, die man als Hausfrau so braucht, habe ich dann auch von ihm gelernt, unter anderem Nähen.

So manche Woche verbrachte ich im Trainingslager in Johanngeorgenstadt im Erzgebirge, gleich an der Tschechischen Grenze. Wenn wir dort morgens den Speisesaal betraten, lagen auf unseren Tellern Tabletten; Vitaminpillen, hieß es. Ich war trotz meines Ernährungsplans noch immer sehr dünn, und eines Tages hatte sich zu viel Skepsis bei meiner Mutter angestaut. Sie sagte: »Die Tabletten, die sie dir geben, Antje, die lässt du jetzt mal weg.«
Kurze Zeit später, ich war gerade mal vierzehn Jahre alt, bekam ich Gelenkrheuma. Ich litt an starken Schmerzen, doch noch viel schlimmer war es, dass ich nicht mehr trainieren durfte. Ich liebte das Kunstturnen. Die Kletterstange, die Kür, das Geräteturnen, einfach alles. Ich hatte schon viele Wettkämpfe gewonnen und wollte noch oft auf das Siegertreppchen.
Auch der rauhe Umgangston im Verein machte mir nichts aus. Dort herrschte Zucht und Ordnung, und es gab kein Widersprechen. Die Trainer stammten von der NVA, der Nationalen Volksarmee. Unter ihrem strengen Regiment war nicht mal ein zartes Flüstern von Kameradin zu Kameradin erlaubt.
Ich kannte es nicht anders. Ich war damit groß geworden,

dass der Trainer sich bei den Dehnungsübungen mit seinem ganzen Gewicht auf unsere gespreizten Beine legte, die wir in Rückenlage nach oben streckten. So kamen wir mit den Fußknöcheln auf den Boden. Beim Handstand wurde ein Hocker umgedreht, so dass die Stuhlbeine nach oben wiesen, und wir mussten in dieser Position auf den Händen stehen bleiben. Lang. Und noch ein bisschen länger. Wem die Kraft ausging, der musste damit rechnen, dass sich ein Stuhlbein in sein Gesicht bohrte. Also strengte man sich an und hielt durch. Keiner von uns knickte ein. Es kam auch keiner auf die Idee, diese Methode gefährlich zu nennen. So war das eben im Training, das war normal.

Aus meinem Traum von der Rückkehr zum Kunstturnen wurde nichts, auch wenn das Gelenkrheuma eines Tages gänzlich verschwand, vielleicht wegen meiner vielen Aufenthalte im Rheumazentrum der Kinderklinik Buch. Es war sehr schmerzlich für mich, mit dem Sport aufzuhören. Er gehörte einfach zu meinem Leben. Ich vermisste ihn und saß als Zuschauerin oft auf dem Rang, schaute wehmütig meinen Kameradinnen und Kameraden zu und hoffte, bald wieder dabei sein zu dürfen.
Mit fünfzehn legte man mir nahe, meine Mannschaft endgültig zu verlassen. Ich hatte den Anschluss an die Spitze verloren und würde den Rückstand nie wieder aufholen können. Schweren Herzens verabschiedete ich mich vom Turnen. Nach einem kurzen Gastspiel beim Ballett kehrte ich dem aktiven Sport für immer den Rücken. Meine Mutter freute sich sehr darüber. Sie hatte sich all die Jahre große Sorgen um meine Gesundheit gemacht.

Die letzte Wanderung

Mit sechzehn zog ich zu meinem Vater. Unser letztes gemeinsames Jahr brach an, gut dass ich das nicht wusste, ich glaubte fest daran, meinen Papa irgendwann zum Opa zu machen. Weil wir uns beide so ähnlich waren und Sturköpfe obendrein, gerieten wir öfter mal aneinander. Kaum war die dicke Luft verflogen, waren wir wieder ein Herz und eine Seele, und ich half Papa bei der Heimarbeit, mit der er sich ein Zubrot zu seiner mageren Rente verdiente.

Die Arbeit bestand darin, die Tafeln, die Punktrichter bei Tanzwettkämpfen in die Höhe reckten, zusammenzubauen. An diesen Tafeln war seitlich eine Vorrichtung angebracht, wo die Punkte eingestellt werden konnten. Die Tafeln stammten ursprünglich aus dem Westen, mein Vater baute sie für den Osten nach. Seit an Seit saßen wir auf dem Sofa und löteten und klebten. Wir redeten nicht viel dabei. Und es war sehr gemütlich. Ich war gern mit Papa zu Hause. Freunde hatte ich kaum; manche hielten mich wohl für eine Einzelgängerin, was vor allem an meiner Schüchternheit lag.

Eine meiner wenigen Freundinnen, Daniela, interessierte sich sehr für Jungs. Sie knutschte sogar schon mit denen rum. Das wollte ich noch lange nicht. Doch die Bekannten von Daniela dachten, dass ich so wäre wie sie, und wenn ich nicht knutschen wollte, verspotteten sie mich: »Bist du prüde?«

Was sollte ich darauf sagen? Wenn ich nein sagte, würde ich knutschen müssen. Aber wer bezeichnet sich selbst schon gern als prüde! Ich hasste solche Situationen. Doch recht bald brauchte ich mir nicht mehr den Kopf über Vorwände und Entschuldigungen zu zerbrechen, denn ich wurde nicht mehr auf die einschlägigen Partys eingeladen. Ich war zu schüchtern und in mich gekehrt. Ein Mauerblümchen. Und mir fehlten die Kurven an den richtigen Stellen. Die Jungs damals standen meistens auf Rubensfrauen mit bisschen was dran und vorne schön ausgebaut. Da konnte ich nicht mithalten mit meinen Stangenbeinen und ohne richtigen Hintern. Obwohl ich tüchtig aß, blieb nichts hängen. Daniela und meine anderen Bekannten hatten dauernd neue Freunde. Alle waren sie in der Erprobungsphase. Besonders die Jungs. Die wollten sowieso nur das berühmte Eine. Das wollte ich nicht, ich wollte einen richtigen Freund.

Jan war Zehnkämpfer und stammte aus Ludwigsfelde. Ein Dreivierteljahr waren wir zusammen. Er wollte nicht nur das Eine, und das wollte ich noch immer nicht. Jans Eltern waren Ärzte. »Du hast ein gebärfreudiges Becken«, sagte Jans Vater einmal zu mir, und ich hatte keine Ahnung, was er damit eigentlich meinte. Ich fand das Zusammensein mit Jan sehr schön, doch auf einmal ließ er nichts mehr von sich hören und besuchte mich auch nicht mehr. Ich erfuhr nie, warum unsere Beziehung endete. Vielleicht hatte er eine andere für das Eine getroffen.
Es machte mich traurig, dass mein Vater Jan nicht kennengelernt hatte, denn er lag zu dieser Zeit oft in der Berliner Charité. Ich hätte ihm Jan so gern vorgestellt: »Kuck, Papa, ich habe einen Freund, einen ganz netten, und das ist er, das ist der Jan.«
Als Dialysepatient war meinem Vater ein Shunt gesetzt worden, eine Verbindung von einer Vene zu einer in der Nähe liegenden Arterie. Das ist nicht ungefährlich, es kommt dabei häufiger zu einer Art Blutsturz, und das war

eines Tages auch bei meinem Vater passiert. Eigentlich keine schlimme Sache, das erleben viele Dialysepatienten. Deshalb machte ich mir keine allzu großen Sorgen um Papa. Selbstverständlich besuchte ich ihn täglich im Krankenhaus und kümmerte mich auch um seine Pflege. Es herrschte eine solche Arbeitsunlust seitens mancher Pflegekräfte, dass die Angehörigen gelegentlich die Arbeit der Krankenschwestern übernahmen und die Patienten wuschen und versorgten.
Eines Nachmittags wirkte Papa sehr erschöpft. »Antje, als du gestern weg warst, haben die mich noch operiert.«
»Wie, operiert?«, fragte ich und hatte keine Ahnung, wovon er sprach.
»Die haben mich gestern operiert«, wiederholte er schwach.
»Aber wieso sollen sie dich denn operiert haben? Es ist doch alles in Ordnung.«
»Die haben mir den Blinddarm rausgenommen.«
Jetzt begriff ich überhaupt nichts mehr. Hatte er Morphium bekommen? Fantasierte er? Irgendwie wirkte er heute seltsam. So als wäre er gar nicht richtig da.
»Schau mal«, er hob seine Schlafanzugjacke und zeigte mir einen Verband, der an den Rippen entlangführte.
Meiner Meinung nach war der Blinddarm weiter unten, doch ich war siebzehn Jahre jung und hätte bestimmt keinen Arzt der fehlerhaften Ortsbestimmung innerer Organe bezichtigt.
»Wenn ich nachher nach Hause gehe, packe ich meinen Rucksack und steige auf die Berge«, verkündete mein Vater.
»Das ist eine gute Idee«, erwiderte ich und wäre nicht im Traum darauf gekommen, dass dieser seltsame Wortwechsel mit meinem Vater der letzte war. Ich war sicher, am nächsten Tag würde es ihm besser gehen. Bald könnte ich

ihn nach Hause holen. Doch als ich sein Krankenzimmer am nächsten Tag betrat, war sein Bett leer. Obwohl ich überhaupt nicht damit gerechnet hatte, wusste ich sofort, was das bedeutete.
»Ihr Vater ist leider verstorben«, hörte ich von einer Krankenschwester.
»Aber es ging ihm doch so gut.«
Sie zuckte mit den Achseln.
»Ich möchte mit einem Arzt sprechen.«
»Der ist gerade in einer Besprechung.«
»Ich möchte zu meinem Vater.«
»Das geht jetzt nicht.«
»Warum nicht?«
»Das geht eben nicht.«
Ich rief bei meiner Mutter an und hörte von Bernhard, dass sie schon unterwegs war. Man hatte sie informiert. Fassungslos stand ich in dem leeren Krankenzimmer. Alles war schon ausgeräumt. Nichts erinnerte an Papa.
»Wo sind seine Sachen?«, erkundigte ich mich bei einer anderen Schwester.
»Da war nichts.«
»Wie, da war nichts?« Entgeistert starrte ich die Krankenschwester an. Ich hatte meinem Vater die Kleidung selbst gebracht. Schuhe, Jacke, Hosen, Hemden, Socken, Unterwäsche, alles.
»Tut mir leid«, sagte die Schwester, und da fing ich einfach zu schreien an.
»Beruhigen Sie sich bitte!«
»Wenn ich nicht sofort die persönlichen Gegenstände meines Vaters bekomme, rufe ich die Polizei!«
Es dauerte nicht lange, dann öffneten und schlossen sich die Türen anderer Krankenzimmer und mehrere Schwes-

tern brachten mir die Habseligkeiten meines Vaters, die sie offensichtlich bereits an andere Patienten verschenkt hatten. Ich hätte die Sachen auch weitergegeben, doch es verschlug mir die Sprache, dass sie es eigenmächtig entschieden hatten. Ich wusste noch nicht einmal, dass Papa nicht mehr lebte, da waren seine persönlichen Dinge schon weg.

Meine Mutter war genauso fassungslos wie ich. Beim Bestattungsinstitut wurde uns dann mitgeteilt, dass mein Vater bereits eingeäschert worden war – ohne dass wir irgendeinen Auftrag erteilt hatten. Eine Krankenakte zu seinem Fall erhielten wir trotz mehrfacher Anfragen nicht. Jahre später erfuhr ich, dass der damals an der Charité tätige Oberarzt des Organhandels verdächtigt wurde. Nachgewiesen werden konnte ihm nichts.

Auf eigenen Beinen
Nach der Schule wollte ich Modedesign studieren, aber dazu hätte ich in die Partei eintreten müssen. Das wollte ich keinesfalls, denn ich nahm es unserem Staat übel, dass er meinen Vater während seiner Krankheit so herablassend in den Westen verwiesen hatte: »Besorgen Sie sich die Medikamente, die Sie benötigen, doch drüben.«
Beruflich hatte ich also nicht viel Auswahl, und so begann ich eine Ausbildung zur Informatikerin. Diese Materie interessierte mich nicht besonders, doch ich wollte unbedingt einen Abschluss in der Tasche haben.

Ich vermisste meinen Vater an allen Ecken und Enden. Obwohl er in der ersten Zeit nach seinem Tod sehr präsent für mich war, sprach ich in der Wohnung nicht mit ihm. Nur am Friedhof. Ein Grab ist für mich die Wohnstätte eines Verstorbenen. Jetzt war ich immer allein in unserer Wohnung. Allein saß ich auf dem Sofa und sehnte mich danach, Seit an Seit mit Papa irgendwelche Teile zusammenzulöten. Der schmale Medikamentenschrank war leer. Ich hatte alles weggegeben.

Auch seine Sachen hatte ich verschenkt, aber nicht an Fremde, sondern an die Menschen, die ihn kannten, an seine Freunde und Bekannten, die das eine oder andere Stück vielleicht in Ehren hielten. Die Angelausrüstung schenkte ich dem Mann meiner Cousine. Bei wichtigen Entscheidungen aus dem Nachlass half mir meine Mutter, zum Beispiel als wir Kermit, den grünen Trabi verkauften. Ich hatte noch keinen Führerschein und auch kein Geld, um ihn zu machen. Von den gerade mal neunzig Ostmark, die ich im Monat verdiente, gingen allein achtzig für die Miete weg. Nachts arbeitete ich in der Küche einer Gaststätte als Tellerwäscherin, am Wochenende bei Diskothekenbetrieb auch als Kellnerin, um meinen Lebensunterhalt zu finanzieren.

Normalerweise hätte ich in der DDR erst im Alter von fünfundzwanzig Jahren eine Wohnung bekommen. In diesem Sonderfall, ich war ja in der Wohnung meines Vaters gemeldet, stand sie mir schon mit siebzehn zu. Allerdings bedeutete das keine uneingeschränkte Freiheit, meine Mutter kontrollierte gelegentlich, wann ich nach Hause kam und ob ich da auch blieb.

Die Meisterschaft

Meine Freundin Daniela war wieder mal schwer verliebt, diesmal in einen Friseur.

»Willste mal mitkommen und zugucken, wie er mir die Haare macht?«, fragte sie mich.

»Gerne!«, erwiderte ich. Für Mode und Frisuren hatte ich mich schon immer interessiert. Also schaute ich fasziniert zu, wie flink die Hände des Friseurs Daniela in eine andere Frau verwandelten. Eine Mitarbeiterin des Salons, Jana, lächelte mich freundlich an und fragte: »Magst du auch mal? Hast du Lust, mir Modell zu sitzen?«

»Ich?«, staunte ich.

»Ja klar, du«, grinste Jana, und fünf Minuten später kraulten ihre sanften Hände durch meine blonde Mähne.

»So eine wie dich bräuchte ich«, seufzte Jana, und ich erfuhr, dass sie ein Modell suchte, mit dem sie für die deutsche Meisterschaft trainieren konnte. Dort wollte sie mit einer Galafrisur antreten. Ich hatte noch nie von Meisterschaften im Friseurhandwerk gehört, aber die Idee gefiel mir, denn ich liebe es, am Kopf gekrault zu werden. Dabei erhole ich mich fantastisch.

Zwei bis drei Mal die Woche fuhr ich nun in den Salon, und Jana trainierte an meinem Kopf. Wir hatten keine solchen Wundermittel, wie sie die Friseure im Westen einsetzten. Bei uns war Erfindungsreichtum das Mittel der Wahl. Wenn ich den Salon verließ, roch ich stets nach Bier, was keine Folgen hatte, da ich ja nicht Auto fuhr. Ich weiß nicht mehr, ob Jana es als Haarkur oder Festiger benutzte. Auch Mascara war zu teuer für uns. Wir tuschten unsere Wimpern mit Schuhcreme. So werden sie schön lang und dicht – und wasserfest ist die Schmiere auch noch!

Es faszinierte mich, wie viel Handwerk in einer Frisur steckt und dass man für eine vollendete Galafrisur so hart trainieren musste. Aus echtem Haar flocht Jana Netze. Manchmal schlief ich zwischendurch unter der Trockenhaube ein; Schlaf auf Reserve, weil ich ja am nächsten Morgen sehr früh aufstehen musste, um pünktlich in der Schule zu sein.
Meine Mutter versuchte, mir das Modellsitzen auszureden.
»Was hast du denn davon?«, fragte sie mich. »Du kriegst nicht mal ordentlich Geld dafür.«
Aber mir gefiel es, und ich mochte die Stimmung in dem Laden.
Wenn es manchmal zu spät für die Bahn wurde und ich meine Mutter anrief und fragte, ob sie mich fahren könnte, lehnte sie stets ab. So holte ich mir eine Schwarztaxe. Das war in Ostberlin gang und gäbe. Es ist wie Trampen gegen Bezahlung. Ich steckte dem Chauffeur fünf Ostmark zu und wurde dafür in die Diskothek gebracht, um dort zu bedienen. Weit nach Mitternacht holte ich mir dann noch mal eine Schwarztaxe für die Heimfahrt.

Endlich kam der große Tag der Meisterschaft. Auch internationale Friseure traten dort an. Ich kratzte mein Erspartes zusammen und kaufte eine Eintrittskarte für meine Mutter. Bestimmt würde sie zufrieden mit mir sein in diesem wunderschönen schwarzen Kleid mit einer Bustiercorsage und dem weiten, ausfallenden Rock mit Schleppe. Eine Make-up-Artistin schminkte mich. Ich fühlte mich wie eine Prinzessin und war begeistert, dieses herrliche Kleid tragen zu dürfen.
Als ich auf der Bühne stand, guckte ich ständig nach mei-

ner Mutter. So sollte sie mich sehen. Ob sie wohl stolz auf mich war? Und wie stolz erst, als Jana mit mir den 1. Platz machte! Doch meine Mutter saß nicht im Publikum. Sie war gar nicht gekommen. Ich hatte die Karte vergebens für sie gekauft.

MODEL-MAMA

In der Zeitung hatte ich eine Reportage über das Modeinstitut Ostberlin in der Brunnenstraße gelesen und mich, ohne groß darüber nachzudenken, beworben. Ich erzählte niemandem davon, nicht mal Daniela. Zu meiner eigenen Überraschung wurde ich zur Aufnahmeprüfung eingeladen.
Heute nennt man so was Casting. Seinerzeit gab es zwei Kategorien: Laufsteg und Fotomodell. Heute wird hier, glaube ich, nicht mehr so strikt getrennt, Models werden für beide Kategorien eingesetzt. Ich war nur ein einziges Mal auf dem Catwalk und arbeitete später vor allem bei Shootings für Kosmetik, Mode, Parfüm, Markenprodukte und Medien.

Bei der Aufnahmeprüfung präsentierten sich die Mädchen in ihrer privaten Kleidung und später in ihren Badeanzügen. Ich schämte mich ein wenig wegen meiner Pigmentstörung am Oberschenkel, aber ich rechnete mir ohnehin keine allzu großen Chancen aus und blieb ganz locker. Ich musste nicht auf dieses Pferd setzen, ich würde meine Ausbildung bald abschließen und hätte dann schon mal einen ordentlichen Beruf in der Tasche. Deshalb machte mir die Wartezeit nach der Aufnahmeprüfung auch nichts aus. Ich fand das Ganze vor allem witzig. Es war eher ein Spleen für mich.
Der Wunsch zu modeln war damals noch nicht so weit verbreitet wie heute, wo dieser Beruf der Traum vieler junger Frauen ist. Außerdem hatte ich ganz andere Sorgen, ernste Sorgen, weil meine Mutter mit einem MS-Schub im Krankenhaus lag. Es war schwierig für mich, sie zu besuchen, da

ich täglich fast vier Stunden unterwegs war, um zu meiner Arbeitsstelle nach Treptow und zurück zu gelangen.

Der Mauerfall

Um vier Uhr morgens stand ich für gewöhnlich auf. So auch an diesem 10. November 1989. Wie immer schaltete ich den Fernseher ein, während ich eine Tasse Kaffee trank. Da tanzten Menschen auf der Mauer. Was war denn das für ein Film? Bestimmt irgendetwas Amerikanisches. Ein Schriftband lief in einer Endlosschleife über den Bildschirm. *Die Grenze ist auf.* Träumte ich? Ich rieb mir die Augen und trank einen Schluck Kaffee. Ich spürte, wie er meine Kehle hinabrann. Heiß und gut. Nein, ich träumte nicht. *Die Grenze ist auf.* Was war denn das? Ein Scherz? Wahrscheinlich erlaubte sich der Sender einen Witz. Achselzuckend packte ich meine Tasche.

An der Berufsschule wunderte ich mich erneut, denn außer mir war niemand da. Endlich traf ich einen Lehrer. »Was machst du denn hier, Antje? Die Grenze ist auf!«

»Was?«, rief eine Klassenkameradin, die das Jahrhundertereignis ebenso verpennt hatte wie ich.

»Heute fällt der Unterricht aus«, lachte der Lehrer. »Und ich fahr jetzt auch mal rüber. Macht's gut.«

»Und wie geht es jetzt weiter?«, wollte ich wissen.

»Das dürft ihr mich nicht fragen«, grinste der Lehrer und verabschiedete sich.

Chantal, ich kannte sie bislang nur vom Sehen, boxte mir sachte an den Oberarm. »Ich würde sagen, wir kucken uns mal Westberlin an, was meinst du?«

Wir merkten schnell, dass das leichter gesagt als getan war, denn alle Straßen im Grenzgebiet waren verstopft.

»Wir müssen mit einem Westauto rüber«, beschloss ich, und kaum streckten wir den Daumen in den Wind, hielt ein goldfarbener Mercedes mit Westberliner Kennzeichen. Am Steuer saß ein attraktiver Mann Mitte dreißig.
»Na, Mädels? Nach Westen?«
Wir nickten.
»Na dann herzlich willkommen«, lud er uns ein, und wir fuhren an vielen Wartenden vorbei.
»Was habt ihr denn jetzt vor?«
Chantal und ich schauten uns an. Darüber hatten wir uns noch keine Gedanken gemacht. Erst mal raus.
»Was macht man denn hier so?«, fragte ich.
»Wenn ihr nichts dagegen habt, nehme ich euch mit zu mir«, schlug der Mann vor.

Da wir keine anderen Pläne hatten, willigten wir ein. Der Mann wohnte in einer Einfamilienhaussiedlung mit gehobener Ausstattung. Später erfuhren wir, dass er ein bekannter Musikproduzent war. Er führte uns in sein Wohnzimmer und erklärte dann: »Mädels, ich muss jetzt noch mal los, eine Freundin abholen. Ich bin in dreißig Minuten wieder da. Macht es euch derweil bequem. Fühlt euch wie zu Hause und bedient euch, wie ihr wollt.«
Sein Vertrauen haute mich fast um. Chantal wohl auch, denn wir saßen beide dreißig Minuten wie gelähmt auf dem Sofa, nippten an der Cola, die er uns eingeschenkt hatte, und sprachen kaum ein Wort.
Als der Musikproduzent mit seiner Freundin zurückkam, überlegte er, was er uns Gutes tun könnte.
»Wir fahren mit den Mädels in einen Supermarkt«, beschloss seine Freundin.
Kurz darauf betraten Chantal und ich das Paradies. Kiwis!

Ananas! Kleine orange Dinger, große grüne Dinger, hundert verschiedene Joghurtsorten, Kaffee ... Ich konnte das alles nicht fassen. Am meisten beeindruckten mich allerdings die Gerüche. Heute nehme ich das nicht mehr wahr, so riecht es eben in einem Supermarkt. Doch damals kannte ich das noch nicht. Dieser parfümierte Duft überall. Aus dem Waschmittelgang brachten sie mich fast nicht mehr raus. Waschpulver, das duftet! So was kannte ich nicht. Mein Begrüßungsgeld investierte ich dann auch in eine Tüte Persil.
Später fuhren wir noch zum Ku'damm, von dem wir gar nichts sahen, nur Menschen, Menschen, Menschenmassen. Eigentlich wollten wir mit dem Zug nach Hause, doch das war nicht möglich, weil alle Bahnhöfe verstopft waren, die Leute standen sogar auf den Gleisen. So liefen wir zu Fuß von West nach Ost und nahmen dort eine Schwarztaxe nach Hause.
Dem Musikproduzenten, dessen Namen ich mittlerweile leider vergessen habe, schickte ich im nächsten Jahr Blumen zum Jahrestag des Mauerfalls als Dankeschön für seine Hilfe und sein Vertrauen.

Zu diesem Zeitpunkt realisierte ich nicht, was das alles für mich und meine Zukunft bedeutete. Ich dachte viel an meinen Vater und war traurig, weil er die Öffnung der Grenze nicht mehr erleben konnte. Mein Vater wollte niemals im Westen leben, doch er hatte die DDR boykottiert, zum Beispiel, indem er sich weigerte, zur Wahl zu gehen. Deswegen war er sogar von der Polizei abgeholt worden.
Viele Menschen im Osten dachten damals, die Grenze würde bald wieder dicht gemacht werden. Meine Cousine Ina war kurze Zeit vor dem Mauerfall legal ausgereist und

wohnte nun in Zehlendorf in einem Auffanglager. Sie beschwor mich, zu ihr zu ziehen, bevor die Grenze wieder geschlossen würde. Doch das wollte ich nicht. Ich lebte gern in der Wohnung meines Vaters. Ich stand kurz vor meinem Ausbildungsabschluss und wollte mich um meine kranke Mutter kümmern. Wie sollte das gelingen, wenn ich im Westen wäre und die Grenze erneut geschlossen würde? Weil ich so viel zu tun hatte, fuhr ich fast nie nach Westberlin. Dass sich die Zeiten geändert hatten, merkte ich erst, als Westprodukte unsere Kaufhalle eroberten. Kosmetik, Kaffee, Waschpulver. Die Tiefkühlpizza aus dem Westen kostete fast fünfzehn Ostmark. Das schmeckte nach Wucher!

Miss Berlin

Ich war gerade neunzehn Jahre alt geworden, als meine Mutter – zusätzlich zur Multiplen Sklerose – auch noch an Krebs erkrankte. Für meinen Stiefvater Bernhard war der Krebs keine Krankheit. Man sah von außen ja nichts, deshalb war meine Mutter seiner Meinung nach auch nicht wirklich schlimm krank. Nach der Operation und Chemotherapie war die Sache, die nie eine gewesen war, für meinen Stiefvater definitiv abgeschlossen. Doch das war sie leider nicht, und ich übernahm die Pflege meiner Mutter.
Die größtenteils selbstständige Zeiteinteilung bei meinen Modelaufträgen kam mir sehr entgegen, so konnte ich mich häufiger um meine Mutter kümmern, als wenn ich weiterhin als Informatikerin tätig gewesen wäre. Ich kehrte diesem Beruf, sobald ich das Abschlusszeugnis in der Tasche hatte, den Rücken und begann meine Modelkarriere mit kleineren Aufträgen für Mode und Zeitschriften. Auch an

Misswahlen nahm ich teil und wurde schon bald zur Miss Marzahn gekürt. Es folgten Titel als Miss Berlin und Miss Deutschamerika. Die Miss Berlin wurde mir leider aberkannt, weil ein Fotograf gegen unsere Abmachung verstieß und einige Bilder zu früh veröffentlichte.

Auf der Flucht

Ich war 19. Er war 29. Und groß und muskulös, und seine strahlend blauen Augen brannten ein Loch in mein Herz. Das zeigte ich natürlich nicht.
Er stellte sein Glas auf den Tresen der Bar und kam auf mich zu. Mein Herz hüpfte. Gelangweilt zog ich an meiner Zigarette.
Da stand er neben mir. »Möchtest du was trinken?«
»Ja, gerne«, sagte ich. Ich kapierte nicht, dass dieser gut aussehende Mann mich ansprach. Mich! Wo ich mich doch eher unscheinbar, fast unsichtbar fühlte – trotz meiner Modeljobs.

Ich verliebte mich bis über beide Ohren. Das war der Mann, auf den ich gewartet hatte. Zappeln ließ ich ihn trotzdem. Wir gingen ins Kino und spazieren. Sah er nur gut aus oder steckte mehr dahinter?
Es steckte mehr dahinter. Wir wurden ein Paar. Und es steckte noch mehr dahinter. Das merkte ich, als er bei mir einzog. Denn mit ihm zog seine Ex-Freundin bei mir ein. Nicht körperlich, nein, aber doch seelisch, geistig, emotional. Und manchmal kam er nachts nicht nach Hause. Da fuhr ich zu der Wohnung der anderen und kuckte, ob sein Auto dort parkte. Ich blieb auch dort. Die ganze Nacht.
»Trenn dich von diesem Mann«, sagte meine Mutter.

»Der ist eigentlich ganz lieb. Der kann nur manchmal nichts dafür«, verteidigte ich ihn.
Ich war zu jung, um zu erkennen, dass ich die Rolle meiner Mutter spielte. Ich machte genau das, was meine Mutter mir vorgelebt und ich ihr so oft vorgeworfen hatte.

Ich stellte ihn zur Rede. Verbal war ich ihm weit überlegen. Er griff zu anderen Mitteln. Zu seinen. Er war nicht mehr der, den ich kennengelernt hatte. Später verkehrte er in Kreisen, in denen Waffen zum normalen Besteck gehörten. Er akzeptierte kein Nein. Ich ließ ein neues Schloss an die Tür bauen. Er trat die Tür ein. Als ich schwanger war, trat er mir in den Bauch. Ich verlor das Kind. Und ich verlor noch viel mehr. Ich verlor meine Würde, und wenn ich heute daran zurückdenke, kenne ich mich nicht mehr.
Was mir geschehen ist, erleben viel zu viele Frauen. Ich bin dankbar, dass mir die Flucht gelang. Als ich zum zweiten Mal schwanger war, wusste ich, dass ich mich, nein uns, in Sicherheit bringen musste. Ich zog zu meiner Mutter und meinem Stiefvater.

Angèlique, meine über alles geliebte Tochter, machte es mir zuerst mal nicht leicht. Für DDR-Verhältnisse war ich mit damals 21 eine Spätgebärende – und genauso alt wie meine Mutter bei meiner Geburt. Querlage, diagnostizierten die Ärzte, und ich hatte sechzehn Stunden in der Hölle vor mir – um danach auf Wolken zu schweben. Meine Mutter war an meiner Seite und half mir sehr. Sie war genauso überglücklich wie ich, wenn auch als Oma. Der Vater von Angèlique drohte, seine Tochter zu entführen, falls ich auf die Idee käme, Alimente zu verlangen. »Und glaub nicht, die siehst du dann so schnell wieder.«

Um sich prophylaktisch zu entschädigen, räumte er meine Wohnung komplett leer. Nur den Fernseher ließ er stehen. Der war ihm wahrscheinlich zu alt. Alles andere, meine persönlichen Dinge, alles weg. Sogar die Muschelkette meines Vaters hatte er von der Wand gerissen und zertreten.

Da mir die Polizei nicht helfen konnte, wurde ich schließlich in eine Art Schutzprogramm aufgenommen, das alle Informationen über mich und meinen Aufenthalt geheim hielt. Da ein Teil meiner Familie in England lebt und ich dort ganz gute Jobangebote hatte, verließ ich Deutschland mit meinem Baby, was mir sehr schwerfiel, da meine Mutter mich zu Hause dringender denn je gebraucht hätte. Der Krebs war zurückgekehrt, und es folgten weitere Operationen und Chemotherapien. Ich wusste sie schlecht betreut von meinem Stiefvater, mit dem ich mich noch immer nicht gut verstand. Ich selbst hatte den Ausstieg aus meiner Beziehung nun geschafft. Meine Mutter nicht. Und so gerieten wir ständig aneinander. Als ich noch in Berlin lebte, war ich darauf angewiesen, dass meine Mutter sich um Angèlique kümmerte, wenn ich arbeitete – und über Auftragsmangel konnte ich mich bald nicht mehr beklagen.

Über meine Agentur in Westberlin bekam ich die ersten richtig guten Aufträge. Katalog- und Printwerbung, diverse Shootings. Um diese Agentur zu finden, hatte ich viele Adressen abgeklappert. Eine solche Tour ist ein schwerer Angriff auf das Selbstbewusstsein. Fünfzig Castings führen schon mal zu fünfzig Absagen. Das darf man nicht persönlich nehmen, doch das sagt sich leicht. Viele Frauen suchen die Fehler bei sich. Zu groß, zu klein, zu viel oder zu wenig

Busen oder Hintern – dabei geht es darum, ob gerade ein bestimmter Typ gefragt ist.

Hätte ich ausschließlich Absagen kassiert, hätte ich mich natürlich irgendwo als Informatikerin beworben. Im Osten arbeitete man für gewöhnlich in dem Beruf weiter, den man erlernt hatte. Ich weiß nicht, ob ich eine weitere Ausbildung zur Modedesignerin gestartet hätte. Ich musste schließlich Geld verdienen als allein erziehende Mutter. Und wenn ich keine Modelagentur gefunden hätte, wäre ich vielleicht schon damals Tatortreinigerin geworden, denn 1990 gelangte dieses Thema zum ersten Mal in mein Bewusstsein.

Der Vater von Angèlique hatte in der seltenen Zeit, als er überhaupt mal legal Geld verdiente, als Glas- und Gebäudereiniger gearbeitet. Eines Tages erzählte er in meinem Beisein einem Freund, dass er jemanden beschaffen solle, der ein Badezimmer nach einem Mord saubermachen könne. Es faszinierte mich, dass es Menschen zu geben schien, die auf so etwas spezialisiert waren. Dies war meine erste Begegnung mit meinem späteren Beruf, den es im Übrigen damals noch nicht gab, nicht in Deutschland. Hier sollte ich die Erste sein, die diese Dienstleistung anbot.

Von Shooting zu Shooting

In England ging es aufwärts mit uns, denn meine Berliner Agentur war auch hier gut vernetzt und konnte mir rasch Aufträge vermitteln. Meistens nahm ich Angèlique, die sehr pflegeleicht war, zu meinen Aufträgen mit. Es wurde immer dafür gesorgt, dass eine Nanny vor Ort war und meine Kleine betreute. Beim Modeln gibt es keine geregelten Arbeitszeiten, da kann ein Job auch mal vierzehn Stun-

den dauern, und ich war sehr dankbar für diese Unterstützung.
Das Modeln war für mich einfach ein Job, mit dem ich relativ angenehm gutes Geld verdienen konnte. Ein Traumjob war es nicht für mich. Ich kannte meinen Traumjob noch nicht, auch wenn ich ihm schon einmal flüchtig begegnet war.

Englisch sprach ich zunächst nicht, aber natürlich war das ein Hindernis, das es zu überwinden galt, wollte ich dauerhaft in London Fuß fassen. Und wie es der Zufall wollte, lernte ich – seltsamerweise in Berlin – einen Mann kennen, durch den ich die Sprache lernen würde.
Ich war gerade in der Stadt unterwegs, als ein Jaguar neben mir am Straßenrand anhielt. Der Fahrer – ein schick gekleideter, braungebrannter Herr mit graumelierten kurzen Haaren, stahlblauen Augen, einem Dreitagebart und strahlendem Lächeln – fragte mich mit einem charmanten Akzent auf Deutsch nach einer Straße.
Ich erklärte ihm, dass er den Ku'damm nur noch ein Stück weiter entlangfahren und dann abbiegen müsse, da fragte er mich plötzlich, ob ich Lust hätte, mit ihm essen zu gehen. Nach einigem Zögern willigte ich schließlich ein, und Sir Anthony James Barney reichte mir seine Karte.
Natürlich rief ich ihn nicht an. Ich hatte erst einmal genug, was Männer betraf, und er schien sich offensichtlich für unwiderstehlich zu halten. Ich wollte meine knappe Freizeit mit meiner Tochter verbringen. Und genau das signalisierte ich bei unserem ersten Treffen – zu dem er mich eingeladen hatte. Ich zeigte ihm deutlich, dass ich kein Interesse an einer weiteren Beziehung hatte. Das motivierte ihn erst recht, wie die meisten Männer. Letztlich waren wir ein Jahr lang befreundet, ehe wir ein Paar wurden.

Anthony war sehr eifersüchtig und extrem besitzergreifend, was sich erst herauskristallisierte, als wir eine Beziehung führten. Sobald wir uns in der Öffentlichkeit bewegten, wenn wir beispielsweise in einem Restaurant waren, durfte ich nicht nach rechts oder links blicken, falls dort ein Mann saß, den Anthony als attraktiv einstufte. Dann machte er mir nämlich eine Szene.

Am Anfang schmeichelten mir diese Auftritte. Ich fand es süß, dass er so eifersüchtig war, und sah darin ein Zeichen seiner Liebe und seines Begehrens. Doch die Szenen wurden immer explosiver, und das amüsierte mich dann nicht mehr. Ich war total gestresst und konnte mir diese Verwandlung selbst nicht erklären. Was war aus dem liebenswürdigen, zuvorkommenden höflichen Gentleman geworden? Er trug mich nicht mehr auf Händen, sondern betrachtete mich als seinen Besitz, und das gefiel mir überhaupt nicht. Ich gehöre niemandem!

Wenn ein Fotoshooting länger dauerte als geplant, konnte es durchaus geschehen, dass Anthony wutentbrannt in das Studio stürmte. Wenn er merkte, dass ich wirklich arbeitete, tarnte er seine Eifersucht als Fürsorge. Er brachte es sogar fertig, einen Geschäftstermin in Belgien abzubrechen, weil ich nicht ans Telefon ging. Dann stand er überraschend vor meiner Tür. »Wo warst du? Ich bin vor Sorgen fast verrückt geworden!«

Auch das fand ich zuerst süß. Da machte sich einer Sorgen um mich! Das kannte ich gar nicht. Doch dann nervte mich sein cholerischer Kontrollwahn.

Leider dauerte es eine Weile, ehe ich Mr. Hyde vollends enttarnt hatte. Nach zwei Jahren hatte ich den wahren Charakter dieses Mannes endlich entlarvt.

Im Nachhinein kommt es mir so vor, als würde es in meinem Leben immer zwei Jahre dauern, ehe ich hinter die Kulissen blicke. Zuerst einmal lasse ich mich blenden von dem Feuerwerk, das die Männer in der Balzphase entzünden. Da präsentieren sie sich so, wie sie später nie mehr sind. Stellen romantisch Kerzen auf, bringen den Müll raus und finden einkaufen gehen total toll. Nach zwei Jahren zeigen sie ihr wahres Gesicht. Dann wurde mir immer bewusst: Das ist die Zukunft, die mir mit diesem Mann bevorsteht, wenn ich bei ihm bleibe. An diesem Punkt musste ich mich immer entscheiden.

Bei Anthony kannte ich diese Zwei-Jahres-Regel noch nicht und fiel deshalb gewaltig rein. Außerdem stirbt die Hoffnung bekanntlich erst ganz am Schluss, und wie lange macht man sich vor, das entgleiste Verhalten wäre nur eine vorübergehende Erscheinung. Dass es sich wieder einrenken würde. Im Erfinden von Ausreden sind Frauen großartig, und ich selbst hatte in meiner Mutter eine fantasiebegabte Lehrmeisterin gehabt, auch sie hatte die unschönen Eigenschaften meines Stiefvaters ständig entschuldigt.

Anthony machte mir einen Heiratsantrag. Ich lehnte ab. Anthony nahm mir dieses Nein sehr übel, Zunder für das Feuer seiner Kontrollsucht. Die letzten Monate unserer Beziehung wurden sehr anstrengend für mich, obwohl ich ihm kaum Anlass zur Eifersucht gab. Wir lebten mittlerweile zusammen mit Angèlique in einer gemeinsamen Wohnung, und er wusste meistens, wo ich mich aufhielt. Es lief beruflich sehr gut für mich in London, und Anthony war als Bauunternehmer auch viel unterwegs. Ich musste mich nicht um seine Finanzen sorgen, worüber ich sehr erleichtert war, denn es ist mir enorm wichtig, dass mein Partner finanziell unabhängig ist. Ich wollte nicht mehr für zwei verdienen. Das zumindest passte bei Anthony. Glaubte ich.

Ade Highlife

Ohne es zu merken, veränderte sich mein Wesen. Ich gewöhnte mich an die glamouröse Welt der Modeshootings, an die Partys und an das gute Geld, das ich verdiente. Es war normal, Champagner zu trinken, ständig auszugehen, in teuren Restaurants zu speisen, sich schöne Dinge zu kaufen.
Eines Tages zeigte ich meiner Mutter meine neue Rolex. Ich hatte sie mir selbst gekauft, und da meine Mutter nichts mit der Marke Rolex anfangen konnte, nannte ich ihr den Preis der Uhr. Ich hatte mir die Uhr nicht wegen des Namens gekauft, sondern weil sie mir gefiel.
»Du kannst nicht alles mit Geld aufwiegen, Antje«, warnte meine Mutter.
»Aber das mach ich doch gar nicht, Mutti.«
Sie schwieg.
Als ich zurück nach London flog, dachte ich darüber nach. Irgendwann einmal hatte ich mir meinen ersten eigenen Ring gekauft, für sage und schreibe zweihundert Mark. Etwas später hatte ich mir einen für fünfhundert Mark gekauft und dann einen für tausend – und musste mich deswegen finanziell überhaupt nicht einschränken. Aber der für zweihundert Mark war mir viel teurer – oder war es im Grunde nicht der für zwanzig Mark gewesen, damals in Westberlin kurz nach dem Mauerfall?
Man wächst da rein und merkt es nicht. Und es ist ja nicht

nur das Geld, das man ausgibt, der Luxus, in dem man lebt und den man hinnimmt. Man zahlt einen Preis dafür. Man wird oberflächlich. Ich kaufte mir Schuhe für 1500 Mark, und das war normal. Da freute ich mich gar nicht mehr drüber. Das war einfach so.

Dieses Highlife dauerte vier Jahre. Dann verspekulierte Anthony sich, und ich gab ihm alle meine Ersparnisse, damit er die Krise bewältigen konnte. Das machte er auf seine Art und verschwand sang- und klanglos. Ein Jahr später traf ich am Flughafen Heathrow zufällig Anthonys Vater, den ich einmal bei einem Essen kennengelernt hatte. Zwischen Ankunft und Abflug unterhielten wir uns, und ich erzählte Anthonys Vater, dass sein Sohn mir einen Heiratsantrag gemacht habe und dass ich mein Nein im Nachhinein als Wendepunkt betrachtete. Das habe Anthony mir nie verziehen.
»Er hat dir einen Heiratsantrag gemacht?«, rief Anthonys Vater und riss die Augen auf. »Aber er ist doch verheiratet! Und zwei Kinder hat er auch!«

Ich sprach mit niemandem über diese Begegnung, denn ich schämte mich dafür, Anthonys wahres Gesicht in immerhin vier Jahren Beziehung nicht erkannt zu haben. Es hatte Zeichen gegeben, die ich völlig falsch interpretiert hatte. Einmal hatte ich sogar einen Ehering in seiner Reisetasche gesehen und ihn danach gefragt.
»Der ist von meiner Mutter«, hatte Anthony behauptet. »Seit sich meine Eltern haben scheiden lassen, trage ich ihn immer bei mir.«
Rührend hatte ich das gefunden.

Ich hatte keine Freunde in England, nur oberflächliche Bekanntschaften, meistens aus der Medienbranche. Die Partys begannen mich zu langweilen. Es war immer dasselbe Besäufnis. Ich trank nicht gern viel Alkohol. Außerdem konnte ich mein Wissen auf diesen Partys nicht erweitern. Ich führte keine intelligenten Gespräche. Stattdessen wurde ich taxiert wie ein Stück Fleisch. Ich hatte keine Lust mehr auf diese Show, die mich nun, da sie nichts Neues mehr war, meistens langweilte.

Dennoch spielte ich weiter mit, denn ich musste Geld verdienen für mich und Angèlique, und die Partys gehörten zu meinem Job. Es dauerte noch viele Jahre, bis ich herausfand, was für mich im Leben wirklich zählte: Dass ich geliebt und gebraucht werden möchte. Dazu musste ich der Scheinwelt des Modeldaseins den Rücken kehren, was ich in kleinen Schritten wagte.

Zuerst zog ich zurück nach Ostberlin in die Wohnung meines Vaters, die ich vorsichtshalber behalten hatte. Wenn mich Aufträge nach London führten, schlief ich bei der dort verheirateten Cousine meiner Mutter. Nach außen ließ ich mir nichts anmerken von der großen Enttäuschung durch Anthony.

Ich funktionierte wie immer, und das fand ich auch richtig so. Privat ist privat und Geschäft ist Geschäft. Meine Auftraggeber hatten mich nicht für meine Emotionen gebucht, sie wollten, dass ich gut aussah und ihre Produkte perfekt präsentierte. Es interessierte sie nicht, ob ich gerade verlassen worden war und all meine Ersparnisse verloren hatte. Ich wurde dafür bezahlt, dass ich gute Arbeit leistete, und genau das machte ich. So ist es bis heute geblieben.

Eine Bekannte sagte einmal zu mir, meine Einstellung würde wohl daher rühren, dass ich den Handstand auf dem Hocker bei der Armee gelernt hätte. Vielleicht ist das wirklich so. Aber ich finde meine Werte auch gut. Da bin ich typisch deutsch. Ich erledige alle Aufträge präzise, gründlich, zuverlässig und so schnell wie möglich. Ich gebe immer hundert Prozent. Mindestens.

Im September 1999 war ich schließlich bereit für einen klaren Schnitt, ich kehrte der Modewelt endgültig den Rücken. Ich hatte eine Fotografenallergie, war partymüde und wollte nicht mehr ständig auf meine Figur achten müssen. Schon lange träumte ich davon, jeden Tag zu kochen und zu essen, worauf ich gerade Appetit hatte. Der Sinn im Leben schien nicht mehr darin zu bestehen, auf rosa Wolken durch eine Scheinwelt zu schweben, sondern mit beiden Beinen fest in einer echten Welt zu stehen. Auf einmal sehnte ich mich nach Wärme, nicht nach Glamour. Ich wollte echte Menschen kennenlernen, keine Schauspieler. Und vor allem wollte ich für mein Kind da sein. Kochen, putzen, bügeln – der ganz normale Alltag war plötzlich verlockender als aller Luxus der Modewelt.
Vielleicht würde ich irgendwann mal wieder einen Mann kennenlernen. Aber jetzt wollte ich erst mal und vor allem mit Angèlique zusammen sein. Sie war in den vergangenen Jahren ein wenig zu kurz gekommen, ich wusste, dass ich zu viel gearbeitet hatte. Jetzt war sie dran, das schwor ich mir. Ich wünschte mir endlos Zeit für mein Kind. So viel hatte ich schon verpasst oder nicht richtig wahrgenommen. Die ersten Zähne. Wenigstens die ersten Zahnlücken und die zweiten Zähne wollte ich nun mitkriegen. Und so beschloss ich, mit meiner Tochter allein zu leben.

SPURENSICHERUNG

Und doch ging es mal wieder schneller, als ich wollte. Zwei Monate nach meinem Entschluss, nun erst mal nur für meine Tochter da zu sein, saß ich mit meiner Freundin Claudia in einem italienischen Restaurant. »Er« saß mit einem Geschäftspartner am Nachbartisch. Ohne ein Wort mit ihm gesprochen zu haben, raunte ich Claudia zu: »Diesen Mann werde ich heiraten.«
Claudia brach in herzhaftes Lachen aus.

Vier Wochen danach zog ich nach Krefeld zu Franz. Der Blitz hatte bei mir eingeschlagen, und es funkte nur so. Diesmal ließ ich den Zwei-Jahres-Test ausfallen. Der ist wohl eher etwas für danach, wenn man klüger ist, nicht für davor oder mittendrin, wenn es einen voll erwischt hat, so wie mich damals. Ich war selbst schuld, wieder reinzufallen.
Franz war acht Jahre älter als ich und wohnte mit seiner Mutter und seiner Großmutter in einem Haus in Krefeld. Alles schien perfekt zu sein. Angèlique war nicht so begeistert wie ich – doch sie würde sich schon an die neue Umgebung gewöhnen, hoffte ich. Wie sollte man Franz auch widerstehen? Er hatte ein strahlend sonniges Gemüt, war sehr beliebt und konnte wunderbar reden. Alle mochten ihn. Seine große Gabe war es, andere zu motivieren. Er schaffte es, alle und jeden aufzubauen. Das tat mir unendlich gut. Franz sagte: »Wir schaffen das!« Zudem sah er sehr gut aus, was mir natürlich auch gefiel, und seine Mutter und Oma nahmen mich herzlich auf, wenigstens zu Beginn.

Nach einem Jahr Beziehung erfuhr ich, dass die Trennung von meiner Vorgängerin doch noch nicht so endgültig war, wie ich es angenommen hatte. Also beendete ich diese Beziehung stellvertretend für ihn. Die zweite Beziehung, die er neben mir führte, konnte ich nicht beenden, was ich jedoch erst nach und nach merkte. Es handelte sich um die Beziehung zu seiner Mutter, und das sollte im Lauf der Zeit zu einem wirklichen Problem für mich werden.

Insgesamt waren Franz und ich acht Jahre zusammen. Wenn ich davon absehe, dass er mich betrog von Hacke bis Nacke und ich allein für unseren Lebensunterhalt sorgte, wenn ich davon absehe, dass er zu viel trank, sich im Haushalt um nichts kümmerte und auch Angèlique links liegen ließ, dann war er sehr lieb. Zwar gehörte auch Romantik nicht zu seinen Stärken, aber hin und wieder zeigte er sich überaus humorvoll – und er motivierte mich manchmal auch und gab mir Kraft. Sobald ich ihn wirklich brauchte, war er da. Also selten. Trotzdem werde ich es ihm nie vergessen, wie er mir bei einer schweren Krankheit und später dem Tod meiner Mutter und meines Stiefvaters beistand. Wäre er doch immer so gewesen!

Franz hatte zwei Gesichter. Seltsam – das hätte mir eigentlich auffallen müssen, denn alle meine Männer waren wandelbar, so ähnlich wie Dr. Jekyll und Mr. Hyde. Kurz nachdem wir ein Paar wurden, ging Franz' Firma bankrott. Da er sein ganzes Leben lang selbstständig gewesen war, konnte er nicht als Angestellter für irgendwen arbeiten, das musste ich doch verstehen. Somit blieben die teuren Hypotheken für das Haus oft an mir kleben.
Ich bewältigte drei Jobs gleichzeitig, als Arzthelferin, im

Büro einer Rechtsanwaltskanzlei, wo ich auch die Forderungseintreibung übernahm, und abends und nachts war ich als Putzfrau unterwegs. Da blieb keine Zeit, mir Gedanken zu machen oder mich gar zu trennen, denn dann hätte ich mir eine Wohnung suchen müssen – wann? In der ersten Zeit unserer Beziehung, als auch Franz' Mutter noch eher Mrs. Jekyll denn Mrs. Hyde war, kümmerte sie sich sehr lieb um Angèlique. Doch auch das sollte nachlassen und schließlich ganz aufhören.

Die geklaute Idee

Anfang 2000 sah ich im Fernsehen zufällig einen Bericht über eine Tatortreinigungsfirma in Amerika. Ich erinnerte mich an den Vater von Angèlique und die Anfrage, die er seinerzeit erhalten hatte. »Dieser Amerikaner hat mir meine Idee geklaut«, schoss es mir durch den Kopf, während ich den Bericht über den Tatortreiniger gespannt verfolgte. Der Amerikaner hatte seine Firma erst Ende der 1980er Jahre gegründet und war tatsächlich als Betroffener auf die Idee gekommen: Seine Tochter war in ihrem eigenen Haus grausam ermordet worden. Die Polizei riet dem Vater dringend, die Räume nicht zu betreten, bevor sie gründlich gesäubert worden wären. Doch er fand niemanden, der das übernehmen wollte, obwohl er mit zunehmender Verzweiflung nach einer geeigneten Reinigungsfirma suchte und auch gut für diese Dienstleistung bezahlt hätte. So entdeckte er eine Marktlücke, die er schließlich selbst füllte, aus der Not geboren.

Die Geschichte dieses Mannes berührte mich sehr. Ich versetzte mich in seine Lage und stellte mir vor, wie schrecklich es für ihn gewesen sein musste, die Spuren eines Ge-

waltverbrechens an seiner eigenen Tochter zu beseitigen. Und andererseits noch die Kraft zu haben, daraus später einen Beruf zu machen, etwas für die Allgemeinheit zu tun, die sich einer solchen Extremsituation gegenüber nicht gewachsen sieht.
Viele Menschen leben mit den Opfern unter einem Dach. Sie sind darauf angewiesen, dass die Räume auch nach einem Gewaltverbrechen schnell wieder bewohnbar sind. Man kann nicht einfach umziehen, und selbst wenn man eine neue Bleibe findet: Man muss an den Ort des Grauens, die Möbel und persönlichen Gegenstände holen. Auch wenn ein Leichnam abtransportiert ist, so gibt es je nach Todesart noch genug Spuren, die die Geschichte seines Sterbens erzählen.

Damals machte ich mir noch keine genaue Vorstellung davon, welche Spuren Tote hinterlassen. Doch wann immer ich ein bisschen Zeit hatte, recherchierte ich, wobei ich es kaum fassen konnte, dass es in Deutschland keine Tatortreinigungsfirma gab. Was machten all diese Menschen, die so dringend Hilfe brauchten? Es musste sich dabei nicht einmal um einen Mord oder einen Suizid handeln. Es gab viele Menschen, die allein zu Hause starben. Wenn sie lang gelegen hatten, hinterließen sie Spuren und Gerüche, die sich mit zunehmender Zeit in Matratzen, Teppiche und Böden fraßen. Wer stand den Angehörigen hier bei?
Die Polizei nicht, wie ich schnell herausfand. Es gab keine Behörde dafür. Die Hausverwaltung oder ein Wohnungseigentümer war dafür zuständig, die Räume zu säubern, gegebenenfalls desinfizieren zu lassen und wieder bezugsfertig zu machen. Aber wer steckte hinter der Hausverwaltung, hinter dem Wohnungseigentümer? Wer macht die

»Drecksarbeit«? Man kann ja wohl schlecht den Hausmeister oder die für das Treppenhaus verantwortliche Putzfrau schicken. Je nach Zustand eines Sterbe- oder Tatorts, so stellte ich es mir vor, würde es sehr belastend sein, dort sauberzumachen. Ich hielt es für wahrscheinlich, dass man bei bestimmten Anblicken durchaus einen Schock erleiden konnte. Daraus würden sich schlimmstenfalls psychische Folgen entwickeln, Alpträume, Schlafstörungen, Depressionen.

Und wie war es, wenn die Angehörigen sich dafür verantwortlich fühlten, in den jeweiligen Räumen sauberzumachen? Wenn sie keine Hilfe suchen wollten, aus Scham oder Angst oder Unwissenheit? Oder schlichtweg, weil sie niemanden fanden, der ihnen half, so wie der Amerikaner, der mittlerweile eine florierende Tatortreinigung unterhielt? Konnte man den Leuten, die einen geliebten Menschen vielleicht in seinem eigenen Blut gefunden hatten, zumuten, das auch noch wegzuwischen? Und ging das überhaupt so leicht weg? Wie sah das aus bei Schussverletzungen, Suiziden, Lauf in den Mund, spritzte das Gehirn da weg und roch das? Konnte man das mit normalem Reinigungsmittel sauber kriegen, oder gab es hierfür spezielle Mittel? Und was hatte es eigentlich mit dem Desinfizieren auf sich? Durfte das jeder, oder musste man einen Nachweis über die eigene Befähigung führen – und welche Mittel eigneten sich für welche Problemfälle? Bestimmt roch es auch sehr unangenehm, wenn Leichen lang unentdeckt blieben. Wie sah es mit Ungezieferbefall aus? Ab wann musste man damit rechnen, und welche Maßnahmen sollten dagegen ergriffen werden? Wie konnte den Angehörigen in so einer Lage schnellstmöglich geholfen werden?

All diese Fragen ließen mich nicht mehr los. Wo es bei uns doch für alles irgendjemand gibt, der zuständig ist. Für fast alles.

Heute weiß ich, es riecht nicht nur unangenehm, es kann so stinken, dass schon mal der Brechreiz angeregt wird. Und man ist nicht allein an einem Tatort. Schon kurz nach dem Eintritt des Todes wird der Leichnam von Ungeziefer befallen. Maden, Fliegen. Der Körper bleibt auch kein Körper, er löst sich auf. Achtzig Kilo Körpergewicht entsprechen zirka 42 Liter Flüssigkeit, das habe ich einmal irgendwo gelesen. Und die tritt aus.
Schon nach dem letzten Atemzug eines Menschen setzt die Verwesung ein, was bedeutet, dass der Körper zu faulen beginnt. Wie stark dieser Fäulnisprozess ist, hängt von der Temperatur und der Luftfeuchtigkeit ab. Bei extrem kalten Klimabedingungen kann ein Körper konserviert werden, in der Wüste trocknet er ein, wird also mumifiziert. Im hierzulande vorherrschenden Klima wird der verwesende Körper als Erstes von den Larven der Schmeißfliege besiedelt. Schmeißfliegen sind in der Lage, Leichengeruch über große Distanzen wahrzunehmen. Sie ernähren sich von frischem Leichengewebe und legen Eier ab, aus denen in kürzester Zeit Nachwuchs schlüpft. Wenn ein Leichnam sehr lange liegt, bleibt bloß eine breiige Masse übrig, und manchmal muss die mit einer Schaufel geborgen werden, weil sie sonst zerfallen würde.

Als ich meine ersten Recherchen anstellte, las ich wie eine Besessene alles, was ich zum Thema Tatortreinigung finden konnte, und mir wurde immer klarer, dass das keinem Menschen ohne Vorbereitung zugemutet werden konnte.

Und schon gar nicht einem Angehörigen, der ohnehin eben erst etwas Schreckliches erlebt hatte: den Verlust eines geliebten Menschen. Aber wer denkt denn schon an einen solchen Fall? Die meisten Menschen glauben so lange, dass irgendjemand dafür zuständig sei, bis sie eines Besseren belehrt werden, bis sie merken, dass sie selbst sich Hilfe suchen müssen. Und wenn es keine gibt?

Sobald ein Mensch in Deutschland verstirbt, wird überprüft, ob sein Tod ein natürlicher war, auch bei einer neunzigjährigen Dame, die friedlich in ihrem Bett eingeschlafen und nie mehr aufgewacht ist. Ein Arzt stellt den Totenschein aus. Kann er nicht feststellen, woran der Mensch verstarb, wird der Fall an die Polizei übergeben, die in dieser ungeklärten Todesursache ermittelt, um herauszufinden, ob der Tod durch Fremdeinwirkung herbeigeführt wurde.
Wenn die Polizei auftaucht, glauben Angehörige oft, dass diese sich um die Wiederherstellung des Ortes kümmert, so wie sie eventuell ein Bestattungsunternehmen informiert. Doch das tut die Polizei nicht. Sie verlässt den Tatort, wie er ist – und so bleibt er auch, außer es handelt sich um ein öffentliches Gebäude oder Grundstück.
Es war mir damals gar nicht klar, dass ich eine Marktlücke entdeckt hatte. Ich fand es einfach faszinierend, dass ich einem Fehler im System auf die Spur gekommen war. Das hängt natürlich mit dem Tabu zusammen, das rund um den Tod und das Sterben besteht. Aber verwunderlich ist es schon, denn schließlich müssen wir alle irgendwann einmal sterben. Natürlich ist das kein Thema, über das man gerne spricht. Doch es gibt viele andere Themen, über die auch nicht gern gesprochen wird, und trotzdem oder gerade deshalb gibt es Dienstleister dafür.

Die Vorbereitung

Ich begann zu experimentieren, zuerst mit Schweineblut – weil Schweine uns genetisch am nächsten sind –, das ich über Teppichböden, Holz und verschiedene andere Materialien schüttete oder träufelte. Natürlich machte ich das nicht im Wohnzimmer, ich richtete mir verschiedene Labors für verschiedene Anforderungen in Keller und Garten ein und verbrachte meine karge Freizeit mit Putzen, Rubbeln, Schaben und unzähligen Tests, die ich in meinen Chemielabors durchführte. Es gibt unzählige verschiedene Geruchsmoleküle, die man mit technischen Hilfsmitteln aufspalten kann, um den Geruch auf diese Weise zum Verschwinden zu bringen.

Einem befreundeten Rechtsanwalt erzählte ich von meiner Geschäftsidee. Robert hatte gute Kontakte zur Polizei und versprach mir, sich dort einmal umzuhören, was die so davon hielten. Er prägte auch den Begriff Marktlücke für mein Vorhaben.
»Das wäre total nett«, bedankte ich mich. »Aber ich weiß ja selbst nicht, ob das ein Spleen von mir ist, oder ob es da wirklich Bedarf gibt.«
Zwei, drei Wochen nach unserem Treffen rief Robert mich an und verkündete mir, dass ich keinen Hirngespinsten nachhing. »Du hast absolut recht, Antje. Keiner der Leute, die ich gefragt habe, kennt jemanden, der Tatorte reinigt. Und alle sind der Meinung, dass das eigentlich kein Zustand ist, dass man da dringend Abhilfe schaffen müsste.«
Von diesem Moment an begann ich mich intensiv mit dem Fall Tatortreinigung zu beschäftigen. Ich war regelrecht beflügelt. Schon immer hatte es mich dorthin gezogen. Und jetzt sah es so aus, als hätte ich Chancen in diesem

Beruf. Vielleicht konnte ich mir mit dieser Sache, für die ich brannte, eine neue Existenz aufbauen. Ich wollte keine drei Jobs mehr, die mich gerade so über Wasser hielten. Noch dazu, wo ich vor allem für Franz' Haus arbeitete und seinen Lebensunterhalt ebenfalls mit meinem Verdienst bestritt. Ich wollte eine Aufgabe, die Hand und Fuß hat, sinnvoll ist und mir Spaß machte.

Es mag makaber klingen, doch ich war mir absolut sicher, dass mir dieser Beruf Freude bereiten würde. Ich könnte Menschen in Situationen helfen, die sie total überforderten. Es motivierte mich erst recht, dass ich die Einzige sein würde, die solche Dienste anbieten könnte. Das war ein Ansporn für mich, es richtig gut zu machen.

Dass ich zum Helfersyndrom neige, ist mir schon klar. Aber ich hatte als Model jahrelang auf der Sonnenseite gelebt und relativ wenig von der Realität mitbekommen. Jetzt war es an der Zeit, etwas zurückzugeben, etwas wirklich Sinnvolles zu tun. Genau das hatte ich mir seit vielen Jahren gewünscht, seitdem ich der oberflächlichen Scheinwelt der High Society den Rücken gekehrt hatte.

Doch es war ein langer Weg für mich, bis ich mir im Klaren darüber war, wie genau ich meine Pläne verwirklichen wollte. So arbeitete ich erst einmal weiter in meinen drei Jobs und experimentierte und recherchierte in meiner Freizeit, was vor allem auf Kosten meines Schlafes ging. Franz fand meine Idee prima. Er unterstützte mich gern bei der Recherche, da er ohnehin den ganzen Tag vor dem PC saß.

Heute glaube ich, dass er depressiv war. Damals erkannte ich das jedoch nicht und ärgerte mich darüber, dass er immer nur vor dem Bildschirm hockte und sich dabei regel-

mäßig betrank. Wenn ich morgens das Haus verließ, schlief er, kam ich mittags kurz nach Hause, um mit Angèlique zu essen, saß er in seinem Sessel vor dem PC, und so fand ich ihn auch abends vor. Beim schönsten Wetter wollte er nicht nach draußen, er wollte gar nichts, und wenn er mal ausging – selbstverständlich ohne mich –, kam er zum Schlafen nicht nach Hause.
Ich erinnere mich noch lebhaft an einen Ostersonntag, an dem Angèlique und ich auf ihn warteten. Eiersuchen im Garten hatte ich ihr versprochen, und es war nicht leicht, ihre Geduld zu zügeln. Zur Mittagszeit kam Franz sturzbetrunken nach Hause, lallte uns irgendetwas zu und legte sich dann ins Bett, ehe er sich wieder in seinen Sessel vor dem PC parkte.
Ich bin eine Kämpfernatur, und ich gebe nicht so schnell auf. Immer wieder versuchte ich zu ihm durchzudringen, ihm begreiflich zu machen, dass eine gute Beziehung auch Arbeit bedeutet. Ich erreichte ihn nicht. Irgendwann resignierte ich und kümmerte mich vor allem um meine eigenen Belange. 2002 gründete ich meine Firma. Seit 2004 heißt sie Schendel Tatortreinigung.

Der erste Einsatz

Mein erster Tatort stellte sich als Bewährungsprobe heraus. Als ich erfuhr, dass sich der Verstorbene mit einer abgeschnittenen Schrotflinte mit Wildschweinschrot in den Mund geschossen hatte, schwante mir, dass ich nun sehr schnell erfahren würde, ob ich wirklich für den Beruf geeignet war. Jetzt kam die große Unbekannte ins Spiel. Ich wusste nicht, wie sie hieß, ich wusste nur, dass ich mit ihr rechnen musste, denn Ekelgefühle oder psychische Ein-

brüche konnte ich nicht theoretisch klären, die musste ich einer praktischen Prüfung unterziehen.
Immerhin hatte ich mich bestens vorbereitet. Dank eines befreundeten Arztes hatte ich sogar die Möglichkeit gehabt, in der Pathologie ein kleines Praktikum zu absolvieren. Ich war nicht umgekippt. Ich hatte ruhig atmend zugesehen, wie Leichen eröffnet oder innere Organe in Schüsseln gelegt wurden. Und ich war auch nicht in Ohnmacht gefallen, als ein Skalp gelöst und die Schädeldecke mit einer kleinen Kreissäge abgetrennt wurde; oder als der Brustkorb abschließend mit einer riesengroßen halbrunden Nadel, die mich an einen Angelhaken erinnerte, zusammengenäht wurde.
Die große Unbekannte war stumm geblieben. Doch in der Pathologie war ich nicht allein gewesen. Jetzt war ich allein. Ausschließlich auf mich gestellt.

Als ich nach meiner ersten erfolgreichen Tatortreinigung nach Hause kam, verspürte ich kein Bedürfnis, stundenlang zu duschen. Wer macht das schon nach einem normalen Arbeitstag? Und genau das sollte es für mich werden. Normal. Ich freute mich sehr darüber, dass ich mich bewährt hatte. Ich hatte keinerlei Probleme. Keine Alpträume, keine komischen Gedanken, ganz im Gegenteil: Ich war regelrecht beflügelt, weil ich der Witwe so schnell hatte helfen können. Am liebsten hätte ich schon am nächsten Tag einem anderen Menschen geholfen, doch bis zu meinem zweiten Auftrag musste ich mich eine Weile gedulden. Da ich jetzt sicher wusste, dass dieser Beruf der richtige für mich war, experimentierte ich mit großem Elan mit Schweineblut und diversen Flüssigkeiten weiter und vervollständigte meinen Werkzeugkoffer. Außerdem machte ich mich betriebswirtschaftlich, arbeits- und steuerrechtlich noch schlauer. Eines Tages würde meine Firma florieren, davon war ich überzeugt, und bis dahin wollte ich das ganze Drumherum abgehakt haben.

Ein gefährlicher Freundschaftsdienst

Im Sommer wurde ich zu meinem zweiten Schusswaffen-Fall gerufen. In Essen hatte sich ein von seiner Familie getrennt lebender Vater in seiner Wohnung getötet. Sein Tod war längere Zeit unbemerkt geblieben, da die Ehefrau mit ihren zwei Kindern die Ferien bei ihren Eltern verbrachte. Es war warm in der Wohnung, und der Verwesungsprozess war bereits stark fortgeschritten, als der Leichnam gefunden wurde – vom besten Freund des Toten, der im Haus nebenan wohnte. Wegen der extremen Geruchsentwicklung hätte man eigentlich früher Verdacht schöpfen müssen, doch offensichtlich interessierten sich die Bewohner in diesem Haus nicht für ihre Nachbarn und deren Not. Die Siedlung bestand aus dreigeschossigen Blocks an einer stark befahrenen Straße in einem sozial schwachen Gebiet. Wer hier wohnte, hatte oft nicht nur Geld-, sondern auch Alkoholprobleme und häufig keinen Arbeitsplatz.

Wenn eine Wohnung wegen eines Todesfalls gesäubert werden muss, tragen die Kosten dafür die Erben des Verstorbenen. Gibt es keine Erben, kommt der Eigentümer der Wohnung dafür auf. Manche Eigentümer scheuen diese Kosten, obwohl sie durchaus erschwinglich sind. Man muss nicht allzu tief in die Tasche greifen, um sich eine Tatortreinigung leisten zu können, doch auch das erscheint manchen schon zu viel investiert für eine »fremde Leiche«.

Oder es besteht wirklich gerade ein finanzieller Engpass und jemand glaubt, an dieser Stelle Geld einsparen zu können und auf die fachgerechte und rückstandslose Säuberung einer Wohnung verzichten zu können, was ihn auf Dauer teuer zu stehen kommen kann. Dennoch wird immer wieder versucht, die Reinigung auf andere abzuwälzen, die weder über das Know-how noch die psychische Konstitution verfügen, die dazu nötig ist, mit zum Teil fatalen Folgen.

Der Wohnungseigentümer, dem mehrere Wohnblocks in einer Anlage in Essen gehörten, hatte mich angerufen und um einen Kostenvoranschlag gebeten. Den Schlüssel zu der Wohnung sollte ich von einem Mieter aus dem Nachbarhaus erhalten, der mit dem Verstorbenen bekannt gewesen war.
Herr Schmidt begrüßte mich bedrückt. Er war ein großer hagerer Mann Mitte vierzig und reichte mir den Schlüssel mit zitternden Händen. »Ich begleite Sie«, sagte er und führte mich im Nebenhaus in den ersten Stock. Zu diesem Zeitpunkt wusste ich nicht, dass es Herr Schmidt gewesen war, der seinen besten Freund tot aufgefunden hatte. Da er selbst im Krankenhaus gelegen hatte, waren einige Tage verstrichen, ehe er sich gewundert hatte, warum er nichts von seinem Freund hörte, und mit dem Zweitschlüssel nachgesehen hatte. Eigentlich hatte er es schon gewusst, als er vor der Tür stand, vertraute er mir später an, denn es hatte bestialisch im Hausflur gestunken.
Der Geruch war noch immer da. Er waberte vor allem durch das betreffende Stockwerk und würde erst verschwinden, wenn ich die Wohnung mit Spezialmitteln gereinigt hatte.

Ich zog meine Schutzkleidung an, sperrte die Tür auf und betrat die Wohnung. Herr Schmidt ging mir einfach nach, die Hände in den Hosentaschen, den Kopf gesenkt. Ich wollte, dass er draußen wartete, und drehte mich zu ihm um. Auf den ersten Blick erkannte ich, dass Herr Schmidt kurz vor einer Ohnmacht stand. Der große hagere Mann zitterte und schlotterte und stammelte. »Ich hab ihn gefunden. Ich hab ihn gefunden, da drüben hat er gelegen«, er wies ins Wohnzimmer, »da drüben war es, und sein Kopf ...«

Mit zwei schnellen Schritten war ich bei ihm, nahm die Maske vom Mund, legte meine Hand auf seinen Rücken und schob ihn sachte hinaus.

»Herr Schmidt, das wusste ich nicht. Das tut mir leid. Bitte gehen Sie jetzt nach Hause. Gehen Sie in Ihre eigene Wohnung. Bitte. Sie können hier nichts tun. Alles ist jetzt in guten Händen. Ich sehe mir hier alles an, und danach melde ich mich bei Ihnen, in Ordnung?«

»Sein Kopf war ...«, Herr Schmidt brach ab, würgte und stürzte nach draußen. Im Treppenhaus hörte ich ihn keuchen.

Das war verständlich, wie ich bei meinem Rundgang durch die kleine Wohnung feststellte. Das Wohnzimmer war blutbesudelt. Durch die starke Verwesung war sehr viel Leichenflüssigkeit ausgetreten. Dunkel getränkte Flecken auf dem Laminat, teils eingetrocknet, teils matt glänzend. Ich konnte den Abdruck eines Fußes deutlich erkennen, um den sich die Leichenflüssigkeit gesammelt hatte.

Langsam scannte ich alles ein. Es gab sehr starken Schädlingsbefall, Maden und Schmeißfliegen. Träge flogen sie durch den Raum, krabbelten an den Fensterscheiben, summten und brummten, schwebten nah an meinem Gesicht vorbei. Ich hob die Hand und fing eine von ihnen. Das ist ganz einfach. Fliegen bei Leichen sind wie benommen, betrunken von dem, was sie aufnehmen, es hängt mit der Fäulnis zusammen. Sie besaufen sich förmlich am »Leichenwasser«.

Als ich mit meiner Besichtigung fertig war, verließ ich die Wohnung, zog mich um und brachte den Schlüssel zu Herrn Schmidt, der mir mit fahlem Gesicht die Tür öffnete, kein Wort sagte, und sie schnell wieder schloss. Zu Hause erstellte ich einen Kostenvoranschlag.
Heute weiß ich, dass ich damals völlig falsch kalkuliert habe, stark zu meinen Ungunsten. Ich hatte noch nicht genug Geschäftssinn, um abzuwägen, wie hoch die Kosten sein würden, die mir entstehen, und so ging ich bei meinen ersten Fällen häufig plus/minus null aus einer Wohnung oder mit sehr geringem Verdienst. Aber ich war ja nicht darauf angewiesen, ich hatte nach wie vor meine drei anderen Jobs, die uns ernährten. Ich unterbreitete dem Wohnungseigentümer also ein sehr günstiges Angebot. Doch ihm war das zu teuer, dabei hatte ich nicht einmal fünfhundert Euro veranschlagt.
»Nein, so viel möchte ich nicht ausgeben, ich habe zwischenzeitlich eine andere Lösung gefunden.«
»Aha?«
»Wissen Sie, der Mieter, der den Toten gefunden hat, macht das. Dafür kann er einen Monat mietfrei wohnen. Das ist doch eine prima Lösung für alle, finden Sie nicht? Er wird auch noch die Wände streichen.«
Es kommt nicht oft vor, dass es mir die Sprache verschlägt, aber bei diesem Telefonat geschah es. Ich war fassungslos. Wie konnte der Eigentümer der Wohnung dem besten

Freund des Toten das zumuten? Ich hatte die Wohnung gesehen, der Eigentümer vielleicht nicht. Ich hatte gesehen, wie Herr Schmidt gezittert hatte. Er war psychisch kaum in der Lage, sich in der Wohnung aufzuhalten. Wie sollte er da die sterblichen Überreste seines Freundes von Boden und Wänden entfernen? Die Einschusslöcher verspachteln, die Schädlinge vernichten, und zwar so, dass ein Nachmieter in eine gesundheitlich unbedenkliche Wohnung einziehen konnte. In welcher finanziellen Notlage musste sich Herr Schmidt befinden, wenn er sich darauf einließ? Ich war völlig schockiert.

Vom Laufsteg in die Aussegnungshalle
Wieder saß ich in den Startlöchern, aber niemand rief an. Woher sollten die Leute auch wissen, dass es mich gab? Ich konnte schlecht Werbung für mich machen. Zumindest fiel mir nicht ein, wie. Für einen Radiospot oder eine Litfaßsäule war mein Metier nicht geeignet. Aber eines Tages wurde eine Zeitung auf mich aufmerksam und druckte ein Interview mit mir. Es folgten mehrere Artikel über die erste Tatortreinigerin Deutschlands, doch dabei interessierte die Leute vor allem, dass ein ehemaliges Model »so was« machte.
Das gefiel mir überhaupt nicht. Das eine hatte nichts mit dem anderen zu tun. Es war, als hätte ich zwei verschiedene Leben, und mit dem Dasein als Model hatte ich komplett abgeschlossen. Außerdem brachte es meine Firma nicht weiter, denn viele trauten einem ehemaligen Model diesen Job nicht zu. *Die wird sich doch nicht die Finger schmutzig machen, da könnte sie sich ja einen Nagel abbrechen.* Wenn ich aber verlangte, meine Vergangenheit als Model außen vor zu lassen, zog die Presse nicht mehr richtig. »Das ist

doch gerade das Spannende«, hieß es überall, »Ihr Werdegang! Vom Laufsteg in die Aussegnungshalle. Wie gefällt Ihnen diese Überschrift?«

Ja, Werbung ist ein schwieriges Thema in meinem Beruf. Aber wenn mehr Menschen wissen würden, dass es Tatortreiniger gibt, würden sie auch nicht auf die Idee kommen, die Spuren eines Todesfalls selbst beseitigen zu müssen oder bei einem normalen Reinigungsunternehmen anzurufen, wo sie in der Regel eine Absage erhalten. Viele meiner potenziellen Kunden sind zu alt für das Internet. Sie schlagen eher in den Gelben Seiten oder anderen Branchenbüchern nach – aber unter welchem Stichwort? Was im Internet mit wenigen Klicks möglich ist, bleibt ihnen verschlossen. Ich vermute, dass sich das in der Zukunft ändern und dass der Beruf des Tatortreinigers bald auch in der Öffentlichkeit bekannter sein wird.

Eine weitere Schwierigkeit bestand darin, dass ich mit meiner Tätigkeit als Frau in eine Männerdomäne eindrang. Zwar gibt es bei der Polizei mittlerweile recht viele weibliche Beamte, doch die Feuerwehr und auch die Bestattungsunternehmen sind nach wie vor fest in Männerhand. Hier wurde ich erst mal belächelt. Vor allem, wenn bekannt wurde, dass ich davor als Model gearbeitet hatte.
Das ärgerte mich. Ich war kein Model mehr. Ich war jetzt Tatortreinigerin. Mit Leib und Seele und aus ganzem Herzen. Es dauerte Jahre, ehe ich mir Akzeptanz und Respekt erarbeitet hatte und bis es sich allmählich herumsprach, dass ich professionelle, erstklassige Arbeit leiste und mich darüber hinaus durch hohe soziale Kompetenz im Umgang mit den Betroffenen auszeichne.

Einmal, da war ich schon drei Jahre im Geschäft, warnte mich ein Feuerwehrmann: »Sie wissen schon, dass an so einem Ort auch mal Käfer rumkrabbeln können.«

Übrigens gibt es Tätigkeiten in meinem Umfeld, die ich für mich ausschließe. Als Leichenwäscherin zum Beispiel könnte ich niemals arbeiten. Kürzlich unterhielt ich mich mit einem Bestatter, der zu mir sagte: »Also das, was du machst, das könnte ich überhaupt nie. Das wäre der blanke Horror für mich.«
»Danke gleichfalls«, erwiderte ich. »Auch ich kann mir nicht vorstellen, in deinem Beruf tätig zu sein. Denn wenn ich auftauche, ist der Körper ja schon weg. Ich beschäftige mich nur noch mit den Resten.«
»Eben«, sagte er und schüttelte den Kopf.
»Für mich liegt der Unterschied darin«, versuchte ich zu erklären, »dass du mit dem kompletten Körper des Menschen zu tun hast. Du kannst sein Gesicht sehen, du bekommst einen Eindruck davon, wie er so war, wie er ...«
»Kommt drauf an, wie viel noch über ist«, erwiderte mein Gegenüber trocken.
»Nun, jedenfalls hast du diesen Eindruck. Der fehlt mir. Ich sehe den Körper nicht. Also mache ich mir auch viel weniger Gedanken, wer das wohl gewesen sein mag.«
»Gedanken mach ich mir auch keine, bloß nicht! Da kommst du in Teufels Küche, wenn du zu viel denkst.«

ABSCHIEDE

Der Arzt meiner Mutter rief mich an und brachte mir schonend bei, dass meiner Mutter eine schwere Operation unmittelbar bevorstand, die sie vielleicht nicht überleben würde. In den letzten Monaten hatten sich in immer kürzeren Abständen neue Metastasen gebildet. Es sah nicht gut aus.
Ich reiste am nächsten Tag nach Berlin und erfuhr im Krankenhaus, dass man die Operation nicht wie geplant durchgeführt hatte. Man habe den Bauchraum eröffnet, festgestellt, dass nichts mehr zu retten war, und sie wieder zugenäht.
»Machen Sie noch was Schönes«, riet man meiner Mutter und prognostizierte ihr noch rund drei Monate Lebenszeit.

Meine Mutter war schon sehr lange sehr krank. Es war nicht das erste Mal, dass ich befürchtete, sie bald zu verlieren. Doch wenn man das dann konkret hört: »Lebenserwartung drei Monate«, dann ist das noch mal was ganz anderes. Wenn meine Mutter weg wäre, hätte ich niemanden mehr. Ich fühlte mich, als stünde ich am Rand einer riesigen Leere, obwohl ich seltener Kontakt mit meiner Mutter hatte, seit ich in Krefeld wohnte. Natürlich besuchte ich sie, aber diese Fahrten mussten jedes Mal geplant werden, man schaute nicht mal schnell eben vorbei. Meine Mutter rief mich an. Jeden Tag. Meistens nervten mich die Anrufe, denn sie fragte jeden Tag: »Was gibt's Neues?«
Wenn es nun aber nichts Neues gab? Ungehalten sagte ich irgendetwas: »Ich habe drei Waschmaschinen gewaschen.«

Eines eher nahen denn fernen Tages, dachte ich nun, wird sie mich das nicht mehr fragen, »Was gibt's Neues?«, und das wird mir fehlen.
Franz war – wie immer in Krisensituationen – großartig. Es kam mir vor, als würde es eines wirklich dramatischen Ereignisses bedürfen, damit er mal aus seiner Lethargie erwachte. Einmal aufgewacht, war er voll da. Nahm mich fest in den Arm und baute mich total auf. Es war nichts Besonderes, was er sagte, es war die Art, wie er es sagte. Bei Franz machten mir auch banale Aufmunterungsversuche Mut. »Jetzt warte erst mal ab. Die Ärzte reden viel. Hauptsache, du bist bei ihr. Wir schaffen das schon.«

Ja, wir haben viel geschafft. Keine Ewigkeit, aber immerhin machte meine Mutter aus den prophezeiten drei Monaten letztlich drei Jahre, und zwischendurch dachte niemand mehr an die schlechte Prognose. Hin und wieder nervten mich sogar ihre Anrufe. Wie viel würde ich dafür geben, wenn sie mich heute noch einmal anrufen und fragen würde: »Antje – was gibt's Neues?«
Ich bin überzeugt davon, dass ihr Angèlique die Kraft dazu gab, ihre schlechte Prognose um so viele Monate zu übertreffen. Meine Mutter wollte wissen, wie es mit ihrer über alles geliebten Enkeltochter weiterging. Sie wollte teilhaben an ihrem Leben und sie groß werden sehen, auch wenn ihr das nur noch sehr eingeschränkt möglich war. Im Grunde genommen vegetierte sie vor sich hin, zu Hause auf dem Sofa. Sie hatte einen künstlichen Darmausgang und einen Dauerkatheter und hing von morgens bis abends am Tropf. Durch die starken Medikamente, die sie verabreicht bekam, war sie oft nicht bei sich und mit uns.
Von dem Brustkrebs, der 2003 bei mir diagnostiziert wur-

de, erzählte ich ihr nichts. Irgendwie hatte ich damit gerechnet und war deswegen auch besonders aufmerksam, so dass ich den winzigen Knoten frühzeitig entdeckte. Als Tochter einer krebskranken Mutter habe ich nun mal ein erhöhtes Risiko. Innerhalb einer Woche wurde ich operiert. Chemo und Bestrahlung lehnte ich ab, denn ich hatte allzu deutlich das Bild meiner Mutter vor Augen. Bei ihr hatte diese Qual nichts geholfen, also wollte ich sie mir nicht antun. Und ich hatte recht damit, denn ich wurde vollständig gesund.
Franz stand in dieser schweren Zeit wie immer an meiner Seite. Doch ich erholte mich schnell, und kaum war ich wieder halbwegs bei Kräften, verzog er sich in seinen Sessel und kümmerte sich um nichts. Weder Einkaufen noch Haushalt noch Kochen noch Angèlique noch Geldverdienen. Eigentlich war er gar nicht da.
Nach meiner Operation machte ich mir zum ersten Mal darüber Gedanken, was wäre, wenn ich sterben würde. Dabei ging es natürlich nicht um mich, sondern um Angèlique. Es war mir ein Anliegen, schriftlich festzuhalten, was mit meiner Tochter geschehen sollte, falls ich sterben würde. Das war mir das Allerwichtigste, für mein Kind zu sorgen. Ich listete auf, warum sie auf keinen Fall zu ihrem leiblichen Vater dürfe. Dann legte ich das Dokument bei meiner Geburtsurkunde ab und dachte nicht mehr darüber nach.
Ich behandelte alle meine Krankheiten, egal wie bedrohlich sie sein mochten, am liebsten wie einen Schnupfen. Den Ball immer schön flach halten. Bloß keine übertriebene Aufmerksamkeit. Ich sah keine Veranlassung, mein hohes Lebenstempo und meine enorme Arbeitsbelastung zu ändern. Jetzt ging es doch so richtig los mit meinem Baby, der

Tatortreinigung. Und außerdem wollte ich mich um meine Mutter kümmern und fuhr, so oft es mir möglich war, nach Berlin.

Die Besuche fielen mir nicht leicht, denn meine Mutter veränderte sich. Durch die Dauerschmerzen und das Morphium wurde sie aggressiv, ungerecht, uneinsichtig. Wer das alles mit einer Engelsgeduld ertrug, war mein Stiefvater. Ich lernte ihn von einer ganz neuen Seite kennen. Es war wundervoll und bewundernswert, wie er sich um meine Mutter kümmerte, rund um die Uhr, an sieben Tagen die Woche. Er hatte keine Hilfe, außer wenn ein Zugang gewechselt wurde oder eine schwierigere medizinische Versorgung anstand. Er machte alles allein, Tag und Nacht mit meiner Mutter, die auch ihn manchmal beschimpfte, von Schmerzen zermürbt.

Und so fanden wir doch noch zusammen, mein Stiefvater und ich. Vor vielen Jahren hatte ich ihm vorgeworfen, sich nicht um meine Mutter zu kümmern, als sie mit Multipler Sklerose im Krankenhaus lag und er sie nicht besuchte. Nun machte er alles wieder gut und noch viel mehr. Ich schloss ihn tief ins Herz, als großartigen, liebevollen Menschen. Jeder, der ihn kannte, hätte sein Hab und Gut darauf verwettet, dass er meine Mutter im Stich lassen würde, sobald sie pflegebedürftig wäre. Er belehrte uns alle eines Besseren.

Kurz bevor meine Mutter starb, vertraute sie mir in einem lichten Moment an, dass ich fast ein Geschwisterchen bekommen hätte. Doch bei einem Motorradunfall – meine Mutter und ich saßen im Beiwagen, mein Vater fuhr – löste sich der Beiwagen aus der Verankerung am Motorrad, und wir schleuderten gegen einen Baum. Ich trug keine Schramme davon, weil meine Mutter sich über mich warf und mich mit ihrem Körper schützte. Das Kind in ihrem Bauch verlor sie.

Diese Geschichte berührte mich tief, und als es dem Ende zuging, gelang es mir doch noch, eine warme, herzliche Beziehung zu meiner Mutter herzustellen. Wir hatten es nie leicht miteinander gehabt, denn obwohl sie mehr Gefühle zeigen konnte als mein Vater: Eine Weltmeisterin war sie darin auch nicht gerade. So blieb unsere Verbindung eher kühl und distanziert. Ganz zum Schluss aber kriegten wir es doch noch hin.
Niemals hat mir meine Mutter gesagt, dass sie mich liebt. Und ich sagte es auch nicht. Doch in der Zeit des Abschieds, da haben wir es uns gesagt. Wir haben uns auch in den Arm genommen, und ich erzählte ihr, wie gut es Angèlique und mir nun ging und dass sie sich keine Sorgen zu machen brauche. Wenn wir uns bei den Besuchen von ihr verabschiedeten, ermahnte ich Angèlique oft: »Verabschiede dich richtig von der Oma. Nicht nur so ein schnelles Tschüss beim Rausgehen.«
Ich wollte nicht unsensibel darauf hinweisen, dass es vielleicht der letzte Abschied sein könnte, deshalb fügte ich stets ein »Wer weiß, wann wir wieder nach Berlin kommen« hinzu. Ich bin sicher, meine kluge Große hat verstanden, worum es ging.

Jetzt, wo ich selbst zweifache Mutter bin, vermute ich, dass ich kein pflegeleichtes Kind für meine Mutter war. Ich war jähzornig und manchmal launisch und habe ihr bestimmt oft Kummer bereitet. Ich sollte um zehn zu Hause sein und kam um elf. Na und? Das ist doch bloß

eine Stunde. Heute weiß ich, wie lang eine Stunde für eine Mutter sein kann.
Außerdem hat meine Mutter meinen Vater nicht im Stich gelassen und sich weiter um ihn gekümmert, auch als er aus der gemeinsamen Wohnung ausgezogen war und obwohl das meinem Stiefvater nicht passte. Das vergesse ich ihr nie. Ich bin unendlich dankbar dafür, dass ich mich am Ende mit meiner Mutter versöhnt habe und mich, wenn auch nicht zum großen Schluss, aber doch in vielen kleinen Etappen von ihr verabschieden konnte. Von meinem Vater hatte ich mich nicht verabschieden können. Auf einmal war sein Bett im Krankenhaus leer gewesen. Das war schlimmer als ein bewusster Abschied.

Im Herbst 2004 ging es meiner Mutter immer schlechter, und ich merkte, dass mein Stiefvater bald zusammenbrechen würde.
»Hör mal«, sagte ich zu ihm, »niemand macht dir einen Vorwurf, wenn du Mutti weggibst. Du musst auch mal an dich denken!«
»Ich schaff das schon«, sagte er und tätschelte meine Hand.
»Aber du musst auch mal schlafen und dich ausruhen. Wie wäre es, wenn du Mutti für ein paar Tage in eine Kurzzeitpflege gibst?«
»Nein, nein, Antje. Wir bleiben zusammen. Mach dir mal keinen Kopf. Das kriegen wir schon hin, Mutti und ich.«
Nachts fiel meine Mutter nun oft aus dem Bett, häufig erbrach sie sich. Es gab keinen Wäschetrockner. Ich hätte meinem Stiefvater gerne einen geschenkt, doch in der kleinen Wohnung war kein Platz dafür. Er wusch die Decken und trocknete sie stundenlang mit dem Föhn, damit Mutti es wieder schön sauber hatte.

An den drei Weihnachten zuvor, die sie laut Aussage der Ärzte gar nicht mehr hätte erleben dürfen, war ich bei ihr gewesen. Diesmal wollte ich erst nach Weihnachten kommen. Da rief mich Bernhard an und sagte: »Mutti geht es sehr schlecht heute.«
»Ich komme!«
Eine halbe Stunde später rief er erneut an. »Es geht ihr noch schlechter. Ich habe einen Krankenwagen rufen müssen.«
Ich hatte meine Tasche noch nicht fertig gepackt, da rief er ein drittes Mal an. Es war der 27. Dezember 2004, und meine Mutter war gestorben.
Ich konnte sie nicht mehr sehen, da sie ihren Körper zu Forschungszwecken freigegeben hatte. »Damit all die Metastasen, die in mir stecken, vielleicht doch noch etwas Gutes tun und anderen geholfen werden kann.«
Das fand ich einerseits gut von meiner Mutter. Andererseits machte es mich sehr traurig, dass ich wieder zu spät gekommen war und mich wieder nicht so verabschieden konnte, wie ich es mir gewünscht hätte, genauso wie bei meinem Vater.

Der Bäcker und seine Vorräte

Kurz nach dem Tod meiner Mutter erreichte mich eine Anfrage aus Stuttgart. Herrn Kriechles Mieter war stark verwest in seiner Wohnung aufgefunden worden. Die Räumlichkeiten seien in einem verheerenden Zustand und müssten gesäubert und wiederhergestellt werden. »Ich will sie so schnell wie möglich wieder vermieten.«
»Gibt es denn Erben, die die Kosten übernehmen?«, erkundigte ich mich, denn wenn es keine Erben gibt, bleibt der Wohnungseigentümer auf den Kosten sitzen.
»Ja, es gibt Erben«, sagte mir Herr Kriechle, »doch ich

nehme stark an, dass sie das Erbe ausschlagen werden. Dies wurde mir jedenfalls zugetragen. Und das würde wohl jeder an ihrer Stelle tun, so dass ich also davon ausgehe, Ihre Rechnung selbst zu bezahlen. Aber vielleicht finden Sie ja überraschenderweise Vermögen in der Wohnung, wovon die Kosten bezahlt werden können.«

Am nächsten Tag machte ich mich auf den Weg nach Stuttgart. Herr Kriechle hatte den Wohnungsschlüssel in einem Hotel für mich hinterlegt. Ohne einen konkreten Kostenvoranschlag von mir erhalten zu haben, hatte er mich beauftragt. »Das muss ja gemacht werden, und ich will die Wohnung zeitnah vermieten, ich werde sie schon zum Wochenende inserieren.«
Als ich vor dem Haus in der Stuttgarter Innenstadt parkte, war ich sicher, Herr Kriechle würde das Objekt schnell vermietet haben – bei dieser gleichzeitig ruhigen und zentralen Lage. Ich zog mich vor der Wohnungstür um, da wurde ich von einem Nachbarn angesprochen.
»Was machen Sie denn da?«
Ich erklärte, wer ich war und was ich vorhatte.
»Da werden Sie wohl nicht mehr viel finden, da drinnen«, meinte der Nachbar und verschränkte selbstgefällig die Arme vor seiner Brust.
»Wie meinen Sie das?«
»Da war gestern Abend eine ganze Horde da. Mit kleinen Kindern, die hier rumgetobt sind. Die haben rausgetragen, was nicht niet- und nagelfest war.«
»Aber die Wohnung war doch bestimmt versiegelt!«
Er zuckte mit den Schultern.
»Haben Sie die Polizei informiert?«, fragte ich.
»Geht mich doch nichts an«, brummte er, und weg war er.

Ich rief Herrn Kriechle an, denn hier lag eindeutig der Tatbestand des Diebstahls vor. Es ist nicht erlaubt, Sachen aus der Wohnung eines Verstorbenen zu holen, wenn man das Erbe ausschlägt.
»Möchten Sie vielleicht jetzt doch herkommen?«, fragte ich ihn.
»Um Gottes willen!«, rief er. »Nein, auf keinen Fall. Als die Polizei mich informiert hat, stand ich nur unten im Haus. Da hat es mich schon gewürgt, und dann habe ich ja gehört, was die Beamten vorgefunden haben, nein danke, Frau Schendel, sagen Sie mir Bescheid, wenn Sie in der Wohnung waren, dann besprechen wir die Details, aber mich bringen keine zehn Pferde in das Haus. Das wäre zu viel für mich.«

Als ich die Wohnung betrat, verstand ich Herrn Kriechle. Nein, das hier war kein Ort, den man freiwillig besichtigte. Deshalb schockierte es mich auch zutiefst, dass es Menschen gab, die hier mit kleinen Kindern nach Habseligkeiten gestöbert hatten. Der Mann, der hier gestorben war, hatte sehr viel Blut verloren. Es klebte auf dem Fußboden. Obwohl die Fenster in der Wohnung offen standen, roch es bestialisch.
Kurz überlegte ich, ob ich das Jugendamt verständigen sollte. Die Information des Nachbarn hatte mich regelrecht aufgewühlt. Was waren das für Eltern! Zwar lag über der Leichenfundstelle ein zerschlissenes Handtuch, doch das genügte bei weitem nicht. Rechts und links davon war Blut in den Dielenboden gesickert, und natürlich Leichenflüssigkeit, schwärzlich-dunkelrote dicke Masse. Es sah aus, als wäre ein Eimer voll Farbe ausgelaufen.

Der Mieter dieser Wohnung war Bäcker gewesen. In der Wohnung wimmelte es von Backzutaten. Im Keller entdeckte ich Dutzende von Küchenmaschinen, zum Teil noch in der Orginalverpackung, und hunderte von eingemachten Konserven. Obst, Gemüse, Marmeladen – hier hatte sich offensichtlich jemand auf eine Belagerung eingestellt.
Ich nahm mir vor, mich bei Herrn Kriechle zu erkundigen, wie alt sein Mieter gewesen war, vielleicht hatte er den Zweiten Weltkrieg erlebt – oder gar den ersten – und einmal sehr gehungert.
Beim Verlassen der Wohnung klebte ich ein Siegel mit meinem Firmenlogo an die Tür und hoffte, es würde einen erneuten unerwünschten Besuch verhindern. Den Keller hatte die Verwandtschaft offenbar übersehen.

Da Herr Kriechle auf schnelle Erledigung des Auftrages drängte, rief ich meinen ersten Praktikanten zu Hilfe. Für ihn würde es nach langen vorbereitenden Gesprächen der erste Ernstfall sein.
Ach, wie blauäugig war ich damals noch! Ich hatte seiner Versicherung geglaubt: »Wissen Sie, ich habe meinen Zivildienst als Rettungssanitäter absolviert, da kriegt man automatisch starke Nerven.«
Starke Nerven allein genügen leider nicht bei der Tatortreinigung. Man braucht eine starke Konstitution, die Fähigkeit, gleichzeitig empathisch und professionell zu arbeiten. Der junge Mann erbrach sich nach nicht mal einer Minute an der Wohnzimmertür. Dabei hatte er mir auf der Fahrt zu unserem Einsatz lang und breit erklärt, wie abgebrüht er sei, dass er überhaupt keine empfindliche Nase habe, dass sein Hund sich ständig in Scheiße wälzen würde und das

würde er gar nicht mehr riechen, nicht mal Igelscheiße und die stinke echt voll eklig.
Ich musste ihn nach Hause schicken, wie nach ihm so viele andere Bewerber.
»Das tut mir echt voll leid!«, entschuldigte er sich später am Telefon. »Aber so voll krass habe ich mir das nicht vorgestellt.«

Ja. Man kann es sich nicht vorstellen. Man weiß nicht, wie man reagiert. Man muss es ausprobieren – nachdem man sich optimal vorbereitet hat. Allerdings habe ich heute einen Blick dafür, ob es sich bei einem potenziellen Mitarbeiter lohnen könnte. Wer großspurig tönt, es gebe nichts, was ihm etwas ausmache, der bricht meistens sehr schnell zusammen. Lieber sind mir da Menschen, die sich gut überlegen, ob sie sich so etwas zutrauen, und einem Härtetest dann mit dem gebotenen Respekt und einer dienstleisterischen Haltung begegnen.
Doch es ist sehr, sehr schwer, gute Mitarbeiter zu finden, was ich zu Beginn allerdings nicht ahnte. Im Laufe der Zeit lernte ich auch eine Menge Ausreden kennen. Da hatte sich dann plötzlich jemand den Magen verdorben. »Nein, das hat mit dem Geruch hier nichts zu tun. Das kommt von dem Tiramisu beim Italiener gestern Abend.«
Wenn ich wirklich auf Hilfe angewiesen war, zum Beispiel beim Tragen schwerer Möbel, griff ich schon mal die männliche Ehre an. »Ich bin eine Frau. Du bist ein Mann. Wenn ich das kann, kannst du das auch.«
Seltsamerweise funktionierte dieser Spruch fast immer.

Ich selbst muss mich eigentlich nie übergeben, ich erinnere mich nur an einen Fall, bei dem es mich erwischte: Alkoho-

liker liegen, wenn es dem Ende zugeht, oft nur noch im Bett. Dieser Mann hatte nicht einmal mehr die Kraft gehabt, zur Toilette zu gehen. Ein Eimer stand neben seinem Bett, dort hinein hatte er seine Notdurft verrichtet.
Als ich diesen Eimer in die Toilette kippte, platzte die Versiegelungsschicht, die sich über den Exkrementen und dem Erbrochenen gebildet und den bestialischen Gestank abgedichtet hatte. So ähnlich wie Pelle auf Milch oder Haut auf Pudding. Sonst keine Ähnlichkeit. Gar keine. Das war auch für mich zu viel. Ich musste an die frische Luft.

Später Vater

Kurze Zeit nach dem Tod meiner Mutter bekam mein Stiefvater die Diagnose Krebs. Eigentlich kein Wunder. Was er in den letzten Jahren geleistet hatte, war übermenschlich. Zudem war er durch seine Arbeit am Bau und die hohe Asbestbelastung, der er jahrzehntelang ausgesetzt war, ohnehin anfällig. Durch den extremen Stress, den die Pflege meiner Mutter bedeutete, brach der Lungenkrebs dann aus. Ein Arzt sagte ihm ganz offen, dass er einen Zusammenhang mit Asbest vermute. Schriftlich niederlegen wollte er das nicht.
Nun begab sich mein Stiefvater auf die Reise durch die Krebstherapie, die meine Mutter auch durchgemacht hatte. Er machte eine Chemo und vertrug sie verhältnismäßig gut. Doch dann stellte sich heraus, dass ein kleinzelliges Lungenkarzinom die Leber befallen hatte. Mit Metastasen auf der Leber schrumpft die Lebenserwartung rapide. Sechs Wochen nur noch, prognostizierten ihm die Ärzte.
»Ich mach noch mal 'ne Chemo«, sagte er am Telefon zu

mir. »Aber die wird heftig, da hat mich der Doktor schon gewarnt.«
»Wieso kommst du nicht zu uns nach Krefeld?«, fragte ich ihn. »Was willst du denn in Berlin, wo Mutti nicht mehr da ist?«
»Hm«, machte er.
»Du bist ganz allein in der Wohnung. Da ist niemand, der sich um dich kümmert. Komm doch zu uns! Du kennst unser Haus. Da ist genug Platz.«
»Hm.«
»Und ich würde mich freuen. Sehr.«
»Eigentlich hast du recht, Antje.«
Innerhalb von achtundvierzig Stunden strich ich im ersten Stock ein Zimmer, richtete es schön her und stattete es mit einem Pflegebett aus. Im medizinischen Bereich kannte ich mich mittlerweile sehr gut aus, denn ich hatte meine Tätigkeit in der Rechtsanwaltskanzlei aufgegeben und arbeitete unter anderem als selbstständige Praxismanagerin.
Im Prinzip hatte mir die Arbeit in der Rechtsanwaltskanzlei Spaß gemacht, doch ich fand die Abläufe umständlich, und oft hatte ich den Eindruck, die Anwälte setzten sich nicht richtig für ihre Klienten ein. Bei Forderungseinzügen zum Beispiel strengten sie sich nie besonders an, herauszufinden, wo ein Schuldner sich aufhielt. Da erwachte mein Ehrgeiz, und häufig bekam ich mit meinen eigenen Recherchen übers Internet mehr heraus als die Anwälte auf ihren Dienstwegen. Zudem sparte meine Arbeitsweise Kosten, denn eine Anfrage beim Einwohnermeldeamt wird ja berechnet. Wenn ich meine kostengünstigeren Lösungen vorschlug, stieß ich allerdings auf taube Ohren, und das zermürbte mich.
Ich bin ein Mensch, der gern Lösungen findet, neue Wege

beschreitet. Und sollten die nachweislich effizienter und effektiver sein, dann frustriert es mich, wenn sie trotzdem nicht umgesetzt werden, weil irgendein Vorgesetzter das blockiert.

Als Arzthelferin habe ich auch weitergedacht als bis zur Patientenkartei und mir überlegt, wo wir Kosten sparen und wie wir effizienter arbeiten könnten. Hier fielen meine Anregungen auf fruchtbaren Boden, und so machte ich mich dann nach einer Weile als Praxismanagerin selbstständig. Die Zusammenarbeit mit Ärzten bereitete mir große Freude, und nachdem ich meinen Stiefvater sicher nach Krefeld gebracht hatte, nutzte ich meine Beziehungen und erhielt innerhalb kürzester Zeit einen Termin bei einem Spezialisten, dem ich meinen Stiefvater vorstellte.
»Das ist mein Paps.« Das war mir so herausgerutscht. Gespürt hatte ich es schon lange.
Der Professor studierte die Unterlagen meines Stiefvaters und führte dann selbst noch eine Ultraschalluntersuchung durch. In meinem Beisein fragte er Bernhard: »Sie wissen, wie es aussieht?«
Paps nickte.
»Und Sie wollen wirklich noch eine Chemo machen?«
In diesem Moment wurde auch mir klar, wie es um Paps stand. Das war mir vorher nicht bewusst gewesen. Oder besser gesagt: Ich hatte es nicht wissen wollen. Ich hatte lieber geglaubt, es wäre wie bei meiner Mutter. Eine Chemo und dann noch ein Jahr und noch eine Chemo und noch ein Jahr, vielleicht dazwischen mal eine Operation.
Paps schaute mich an. »Ich will es versuchen«, sagte er. »Jetzt, wo ich bei meiner Tochter bin.«
»Das verstehe ich«, sagte der Professor. »Ich würde mich

auch an jeden Strohhalm klammern. Ich würde das auch versuchen.«
Paps nickte.
»Möchten Sie die Behandlung im Krankenhaus machen oder ...«
»Bei meiner Tochter«, sagte Paps schnell.
So hatten wir das besprochen. Egal, was kommen würde. Bernhard würde bei uns bleiben. Lang schauten wir uns an. Mir war elend zumute. Er wollte mich nicht allein lassen. Und das durfte er doch auch nicht! Jetzt, wo Mutti gerade erst gestorben war. Dann hätte ich niemanden mehr. Dann wäre ich ganz allein. Paps drückte meine Hand, und ich erwiderte seine Aufmunterung.
»Wir machen das bei mir. Wir schaffen das!«, versicherte ich dem Professor.

Zwei Tage danach begann die Chemo. Wir mussten sie abbrechen, da Paps die Medikamente nicht vertrug, kaum mehr Luft bekam und nicht mehr laufen konnte. Ich verlegte sein Krankenzimmer vom ersten Stock ins Erdgeschoss und versah es mit einer Klingel. Ich bat ihn, mich immer zu rufen, wenn er Hilfe brauchte. »Auch mitten in der Nacht, hörst du!«
In der dritten Nacht klingelte es. »Ich war auf der Toilette, Antje. Da war überall Blut.«
Seine Leber ist voller Metastasen, schoss es mir durch den Kopf. Die Leber trägt zur Blutgerinnung bei. Wenn sie nicht mehr funktioniert, verdünnt sich das Blut. Es gibt drei Todesursachen, wenn die Leber nicht mehr arbeitet: innerliches Verbluten, äußerliches Verbluten, Embolie. Ich rief den Notarzt.
Er untersuchte Paps und nahm mich dann beiseite. »Wol-

len Sie Ihren Vater nicht lieber in die Klinik bringen?«, fragte er mich. »Das kann sehr ... unschön enden. Er könnte verbluten.«
»Mein Vater bleibt hier.«
»Aber es kann extrem unangenehm für Sie werden. Ich weiß nicht, ob Sie sich das vorstellen können.«
»Am schrecklichsten wäre es für mich, meinen Vater jetzt wegzugeben«, erwiderte ich.
Der Arzt ließ nicht locker. »Wir können in der Klinik ein Sterbezimmer mit einem zweiten Bett einrichten, dann können Sie immer bei Ihrem Vater sein.«
Die Fürsorge des Arztes rührte mich. Mein Entschluss stand dennoch fest. Aber ich wollte Paps fragen.
»Ich will bei dir bleiben«, sagte Bernhard und fragte den Arzt: »Darf ich jetzt mal ein Bier trinken?«
»Sie dürfen alles, was Sie wollen«, sagte der Arzt.
Am nächsten Tag um die Mittagszeit war es überraschend mild, und Paps wollte nach draußen. Er setzte sich auf den Balkon, zündete sich eine Pfeife an und trank genüsslich eine Flasche Bier.

Ich erzählte Franz von der Gefahr des Verblutens. Mit meinem Vater wollte ich darüber nicht sprechen. Ich bat Franz, ihn abzulenken, und schmuggelte eine flüssigkeitsundurchlässige Unterlage ins Bett.
Kurz darauf war Paps kaum mehr ansprechbar. Keuchend lag er im Bett. »Antje. Ich krieg keine Luft mehr!«
Eine Embolie, schoss es mir durch den Kopf. Paps bewegte sich und fiel fast aus dem Bett.
»Du musst mehr an die Wand, rutsch mal rüber«, bat ich ihn.
»Wo ist die Wand?«, fragte er und schaute mich an aus er-

blindeten Augen, die weißgrau geworden und mit einem milchigen Schleier überzogen waren.
Ich half ihm, sich richtig hinzulegen.
»Hast du Schmerzen, Paps? Dann geb ich dir was dagegen.«
»Nein«, erwiderte er und atmete auch wieder leichter.
Ich hielt seine Hand. Er streichelte meine Hand und redete ... mit meiner Mutter. Es klang nicht so, als würde er sich wünschen, dass sie da wäre. Es klang so, als wäre sie wirklich da. Und da wusste ich: Jetzt ist er angekommen.
Einige Minuten danach hörte Paps für immer auf zu atmen.
Ich ließ mir die Zeit, die ich brauchte, um mich von ihm zu verabschieden.

DIE SCHULDFRAGE

Auch wenn Singlehaushalte in Deutschland in der Minderzahl sind: In den meisten Fällen, zu denen ich gerufen werde, leben die Angehörigen nicht in derselben Wohnung wie die Verstorbenen. Das erleichtert es vielleicht manchmal, mit dem Tod umzugehen. Es kann, je nachdem, wie man den Verstorbenen findet, sehr dramatisch sein, völlig unvorbereitet einen toten Menschen zu entdecken. Zudem sind Angehörige, die mit Verstorbenen unter einem Dach leben, darauf angewiesen, so schnell wie möglich in die Wohnung zurückzukehren.
Immerhin ist die Wahrscheinlichkeit, dass ein Leichnam in einer Wohnung, in der andere Menschen leben, stark verwesen kann, sehr gering. Das kommt eigentlich nur in Urlaubszeiten vor. Es gibt jedoch auch Situationen, wo wenige Tage genügen, um einen starken Verwesungsprozess in Gang zu setzen. Manche Umstände machen die Verarbeitung für die Angehörigen besonders schwer.

Ich erinnere mich an eine Frau, deren Mann sich mit einer Kettensäge getötet hatte. Nach einem Krankenhausaufenthalt – sie war am Tatort zusammengebrochen – wohnte sie drei Wochen lang in einem Hotel, da sie ihr Haus nicht mehr betreten konnte. Nicht etwa, weil die Wiederinstandsetzungsarbeiten so lange dauerten, sondern weil es für sie selbst zuerst unvorstellbar war, an den Ort des Geschehens zurückzukehren.
Mit dieser Frau führte ich viele Gespräche. Es schockierte mich, wie kaltherzig ihr die angeheiratete Verwandtschaft

begegnete. Sie wurde regelrecht geächtet, da man ihr zumindest eine Teilschuld am Tod ihres Mannes gab. Dabei hatte er selbst entschieden, sich zu töten. Suizid ist immer der Entschluss des betreffenden Menschen. Dass er die Tat mit einer Kettensäge durchführte, ist besonders grausam, doch wieso sollte die Witwe dafür zur Verantwortung gezogen werden?
In vielen Gesprächen mit der Frau wurde deutlich, dass der Ehemann wohl schon länger an Depressionen gelitten hatte. Zudem hatte es bereits seit der Hochzeit Spannungen mit der Familie des Mannes gegeben, da die Mutter niemals mit der Wahl ihres Sohnes einverstanden gewesen war und das ihre Schwiegertochter schon immer deutlich spüren ließ.

Bei diesem tragischen Auftrag begegnete mir zum ersten Mal das Phänomen der Schuldzuschreibung. Wenn sich einer umbringt, werden ihm die anderen wohl schon Grund dazu gegeben haben. Menschen können unglaublich grausam sein, und oft merken sie gar nicht, was sie mit unüberlegten Halbsätzen und Bemerkungen anrichten. Als wären die Hinterbliebenen in solchen Fällen nicht ohnehin genug gestraft.

Ich merke immer wieder, wie wichtig es für manche Angehörigen ist, sich mit einer neutralen Person zu unterhalten, mit einem außenstehenden Menschen, dem sie all das erzählen können, was sie bewegt. Diese Zeit nehme ich mir immer, auch wenn es manchmal sehr lange dauert und nicht mit einem einzigen Treffen zu bewältigen ist. Gehört das nicht auch dazu?
Für mich ist es die bewegendste Seite an meinem Beruf.

Zum einen gibt es den Tatort, den ich reinige. Zum anderen ist da aber auch ein trauernder Mensch. Nicht dass ich für mich in Anspruch nehmen möchte, als »Seelenreinigerin« tätig zu sein, das überlasse ich gern den dafür ausgebildeten Psychologen. Doch auch Gespräche von Mensch zu Mensch können heilsam sein. Es berührt mich tief, wenn mir fremde Menschen so sehr vertrauen, dass sie mir erzählen, was sie im Allerinnersten berührt.

Da solche Gespräche normalerweise nicht bei der Auftragsübernahme stattfinden, habe ich oft schon eine Menge Spuren am Tatort beseitigt, bevor ich regeren Kontakt zu den Angehörigen bekomme. So erreichen mich gewisse Emotionen auch erst nach und nach – und dafür bin ich dankbar. Bei der Arbeit gestatte ich es mir nicht, mir beispielsweise die näheren Umstände, die zu einer Tat geführt haben mögen, vorzustellen. Im Nachhinein werde ich dann manchmal schon nachdenklich oder bin auch sehr ergriffen von dem Schicksal mancher Menschen.

Doch ich kann ja wieder weg. Zurück in mein eigenes Leben. Ich bleibe nicht stecken in den fremden Schicksalen. Das ist sehr wichtig für mich, dass ich das alles gut verarbeite, abschüttle oder noch besser: erst gar nicht zu nah an mich heranlasse. Meine Familie hilft mir sehr dabei. Wenn ich nach Hause komme und meine Lieben Hunger haben oder mich mit Geschichten über ihren Tag bestürmen, dann bin ich komplett in einem anderen Film. Dem einzig wahren für mich: meinem eigenen Leben.

Der verhängnisvolle Irrtum

Mit einigen Menschen, die ich im Zusammenhang mit einer Tatortreinigung kennengelernt habe, bin ich bis heute in Kontakt. Wer sich in so einer Extremsituation begegnet, kann sehr schnell eine sehr tiefe Verbindung eingehen, und die bleibt dann manchmal lange bestehen, auch wenn man sich nicht so oft sieht.

Jahrelang lud mich eine meiner Kundinnen, Frau Bergmann, die Witwe eines Immobilienmaklers, zu ihrem Gartenfest im Juli ein – ohne dass irgendjemand der Gäste wusste, woher wir uns kannten. Das wäre in diesem Fall auch nicht gut gewesen, da die anderen dann wohl Rückschlüsse gezogen hätten. Und das war nicht in Frau Bergmanns Sinne, die mit ihrer Vergangenheit abgeschlossen hatte.
Wenn ich anderen erzähle, was ich beruflich mache, reagieren die meisten mit Neugier, weil sie noch nie davon gehört haben. Es gibt auch Menschen, denen steht der Ekel ins Gesicht geschrieben. Das beziehe ich niemals auf meine Person, ich verstehe sehr wohl, dass es sich auf meine Tätigkeit beschränkt.
»Ich könnte so was gar nicht«, höre ich selten. Stattdessen wollen die meisten Leute detailliert wissen, wie mein beruflicher Alltag aussieht. Mit der gebotenen Diskretion erzähle ich gern davon – wie es eben so ist, wenn man seinen Beruf liebt.

Frau Bergmanns Mann war davon überzeugt, sie würde ihn verlassen, denn die damals Fünfzigjährige hatte ihr Leben nach dem Auszug der beiden Kinder noch mal in die Hand genommen und war halbtags in ihren alten Beruf als Kosmetikerin eingestiegen. Außerdem hatte sie zwölf Kilo abgenommen und plante die Eröffnung eines eigenen Kosmetikstudios.

Diese Veränderungen erschienen ihrem Gatten verdächtig. Es kam zu Streitigkeiten, in denen Frau Bergmann ihren Mann nicht von seinem Verdacht abbringen konnte, dass sie ihn verlassen wolle. Das wollte sie nämlich keineswegs, aber irgendwann sah sie sich fast zu diesem Schritt genötigt, da ihr Mann einer fixen Idee anheimgefallen zu sein schien. Eines Abends eskalierte die Situation. Plötzlich fuchtelte Herr Bergmann mit einer Pistole vor dem Gesicht seiner Frau herum. »Ich bring mich um!«, brüllte er. »Und dich auch!«

Frau Bergmann erkannte ihren Mann nicht mehr. »Ich habe ihm in die Augen geschaut und einen Blick gesehen, der mir fremd war, der war ganz erloschen und so kalt, und gleichzeitig schrecklich wütend. Ich habe nur einen Sekundenbruchteil überlegt, ob ich jetzt zu ihm gehen und mit ihm reden soll, aber was hätte ich denn sagen sollen? So hat er mich noch nie angeschaut. Ich habe gehofft, er beruhigt sich wieder. Ich wollte Hilfe rufen. Ich bin rausgerannt, habe das Telefon an mich gerissen, und als ich an der Haustüre stehe, höre ich den Schuss.«

Frau Bergmann schaffte es gerade noch, die Polizei anzurufen und ihre Adresse zu nennen, dann kippte sie um, wobei sie sich böse an der Halswirbelsäule verletzte. Im Krankenhaus riet ihr ein Polizeibeamter, ihr Haus erst mal nicht zu betreten. Herr Bergmann war nicht gleich tot gewesen, sondern blutüberströmt durch die Räume geschwankt – zum Schluss stürzte er die Treppe hinab. Das ganze Treppenhaus war blutbespritzt, so dass ich einige Teppiche komplett entfernen musste.

Als ich Frau Bergmann kennenlernte, war sie völlig verstört von der Reaktion ihrer Umwelt. Sie hatte offen und ehrlich erzählt, wie es zu dem Suizid gekommen war, und sah sich nun mit verschiedensten Vorwürfen konfrontiert. Sie hätte ihrem Mann die Waffe aus der Hand nehmen sollen. Das sei doch nur ein Hilfeschrei gewesen. Er habe nun mal zum Jähzorn geneigt. Wie sie das habe zulassen können. Nach so vielen Ehejahren müsse man doch auch Verständnis dafür zeigen, wenn ein Partner sich durch anstehende Veränderungen ängstige. Das habe er doch nicht so gemeint. Das sei doch nur eine Bitte um Aufmerksamkeit gewesen und so weiter.
Als mir Frau Bergmann ein Foto ihres Mannes zeigte, konnte ich diese Anschuldigungen kaum fassen. Herr Bergmann war – abgesehen davon, dass er ihr mit einer geladenen Waffe in der Hand ohnehin überlegen war – zirka einen Zentner schwerer als seine nicht mal 1,60 m große Frau.
Frau Bergmann brauchte lange, bis sie sich von dem Suizid ihres Mannes erholte. Dann eröffnete sie ihr eigenes Kosmetikstudio doch noch, allerdings nicht an ihrem Heimatort, sondern in der fünfzehn Kilometer entfernten Kreisstadt. Wenn ich mal Zeit habe, das nehme ich mir seit Jahren vor, lasse ich mich dort auch einmal verwöhnen. Seit ich nicht mehr als Model arbeite, spielt Kosmetik in meinem Leben nur noch eine sehr untergeordnete Rolle. Und seitdem meine zweite Tochter auf der Welt ist, bin ich froh, wenn ich es überhaupt schaffe, mein Gesicht einzucremen und mich zu frisieren. Aber das macht mir nichts aus. Hauptsache, Emily-Lou ist rosig und duftend und fröhlich.

Durchsuchungen

Wenn die Angehörigen nicht mit den Verstorbenen in einem Haushalt wohnen, wie es bei meiner Arbeit die Regel ist, biete ich an, in den Wohnungen nach wichtigen Unterlagen zu suchen, die Hinterbliebene beispielsweise für die Bestattung benötigen. Um bestattet zu werden, sind diverse Unterlagen erforderlich, Geburtsurkunde, Versicherungsnachweise und vieles mehr. Wer nicht geboren wurde, kann auch nicht bestattet werden.

Für viele Menschen ist es eine belastende Vorstellung, im Nachlass eines Verstorbenen herumzuwühlen. Zudem würden sie sich dabei ja an dem schrecklichen Ort befinden, an dem der Mensch als Verstorbener lag, unter Umständen sogar recht lange. Sie sind also oft erleichtert, wenn ich die Suche nach Dokumenten anbiete. Gelegentlich stoße ich auch auf einen Vermerk, ob der Verstorbene erd- oder feuerbestattet werden möchte, und das beruhigt die Angehörigen dann: Sie haben in seinem Sinne gehandelt.

Ganz zu Beginn kam mir das manchmal komisch vor, in den Unterlagen fremder Menschen zu blättern. Mittlerweile habe ich einen ganz guten Instinkt entwickelt, so dass ich sehr schnell fündig werde. Wer seine Angehörigen besser kennt, weiß oft, welche Versicherungen sie abgeschlossen haben. Doch auch hier gibt es Überraschungen. Und natürlich manchmal die Hoffnung: »Vielleicht finden Sie noch ein Sparbuch oder Geld!«

In der Regel sind die Angehörigen schon zufrieden, wenn ich ihnen alle für die Ämter erforderlichen Unterlagen überreiche. Ein Todesfall ist immer auch ein bürokratischer Aufwand, und man muss viele Dokumente beibringen, um einen Menschen auch aktenkundig zu bestatten. Die Suche

in den Papieren bringt mir manche Menschen näher, als mir lieb ist. Da gerate ich zuweilen tiefer in eine Privatsphäre hinein, als ich es möchte, und auch wenn ich mir prinzipiell keine Gedanken über die näheren Umstände machen will, reime ich mir doch einiges zusammen.
Warum hat sich dieser Mann, er war noch gar nicht alt, gerade mal vierzig, erhängt, wenn es stapelweise Liebesbriefe einer Frau aus Brasilien gibt? Ihr Deutsch rührte mich an, ich konnte sie förmlich vor mir sehen, glühend braune Augen und strahlend weiße Zähne. Und als ich später einige Fotos fand, bestätigte sich das Klischee. Was war hier vorgefallen? War die Frau informiert worden?
»Da hat mein Onkel wohl einen Spleen gehabt«, meinte sein Neffe.
»Bitte informieren Sie die Frau darüber, dass Ihr Onkel verstorben ist«, bat ich ihn.
»Mal sehen, ob noch mal Post von ihr kommt. Vielleicht ist das ja der Grund gewesen, dass er nicht mehr leben wollte, weil keine Post mehr gekommen ist.«
Ja, vielleicht war das der Grund. Und es ging mich ja auch nichts an.

Vor allem Versicherungspapiere interessieren meine Auftraggeber. Manche Menschen haben eine Sterbeversicherung abgeschlossen, obwohl dies bei der Mehrheit meiner Einsätze eher nicht der Fall ist. Gelegentlich finde ich Hinweise auf vermögenswirksame Leistungen, und auch Urkunden von Lebensversicherungen sind mir schon in die Hände gefallen, zur Freude mancher Erben. Häufiger jedoch finde ich Schreiben von Inkassofirmen, gerade in Messie-Wohnungen. Ich rufe die Unternehmen an und teile ihnen mit, dass ihr Schuldner verstorben ist.

»Um den Fall abzuschließen, benötigen wir einen Totenschein«, höre ich dann meistens.
»Dazu müssen Sie sich an die zuständige Behörde wenden. Ich wollte es Ihnen lediglich zur Kenntnis bringen, damit Sie sich weiteren Schriftverkehr sparen.«
Auch Strafanzeigen finde ich hin und wieder. Jemand ist zu schnell gefahren, hat eine Schuld nicht bezahlt, wurde beim Ladendiebstahl ertappt. Diese Dokumente werfe ich weg. Einen Toten kann man auf Erden nicht mehr vor Gericht stellen.

Der Siegelring

Einmal wurde ich zu einem Auftrag nach Köln gerufen. Die Nichte eines verstorbenen Adligen, ich glaube sie führte den Titel einer Gräfin, beauftragte mich, die Eigentumswohnung ihres Onkels nach dessen Tod im eigenen Bett in einen vermietbaren Zustand zu versetzen. Die Wohnung lag in einer Jugendstilvilla, die komplett in den Besitz der Nichte aus Düsseldorf übergegangen war.

Hier hätte ich auch gern gewohnt! Allein das Treppenhaus war atemberaubend, mit asymmetrischen Fenstern aus Buntglas, die faszinierende Lichtspiele an die Wände warfen. In der Wohnung erinnerten schwere Flügeltüren mit hoch angebrachten Klinken an die goldenen Zeiten vergangener Jahrhunderte, das Parkett glänzte frisch gebohnert, und überall prangten kostbare Antiquitäten. In dem Raum, der dem Bechstein-Flügel vorbehalten war, hing ein Stammbaum in einem vergoldeten Bilderrahmen an der Wand, der bis ins 14. Jahrhundert zurückreichte.

In dieser Wohnung gab es nicht viel zu tun für mich. Leider. Hier hätte ich sehr gern eine komplette Woh-

nungsauflösung vorgenommen. Diese herrlichen Möbel! Einige waren sicher mehrere hundert Jahre alt. Wo die wohl schon überall gestanden hatten! Die Geschichte dieser Antiquitäten faszinierte mich mehr als die des verstorbenen Adligen, der kaum Spuren hinterlassen hatte. Ich ließ lediglich die Matratze entsorgen und fand dabei im Kissenbezug einen Siegelring. Fast hätte ich ihn in den Müllsack gestopft.
»Sie haben den Ring!«, freute sich die Nichte. »Das ist großartig! Der wird seit Hunderten von Jahren in unserer Familie weitervererbt vom Vater auf den Sohn. Mein Cousin ist der nächste Träger. Ich danke Ihnen sehr.«
»Gern geschehen!«

Bargeld habe ich nur einmal gefunden. Wenn ich auf Vermögen stoße, dann in Form von Sparbüchern und Wertpapieren. Diese liegen oft dort, wo man sie vermutet. Es gibt aber auch Fälle, da sind sie versteckt, was eine gründliche Suche so wichtig macht.
Einmal fand ich unter einem geklebten Teppich mehrere tausend Euro. Wenn ich den Teppich wegen des starken Ungezieferbefalls nicht vom Boden gelöst hätte, wäre mir das Versteck niemals aufgefallen: In den Teppich war mit einem Messer ein Schlitz geritzt, dort war das Geld versteckt. Da die Wohnung insgesamt einen eher ärmlichen Eindruck machte, bedauerte ich es, dass sich die verstorbene Bewohnerin nicht ein bisschen mehr gegönnt hatte. Aber vielleicht hatte sie ja für ihre Nachkommen gespart. Allerdings meldete sich diesbezüglich niemand.
Manche Menschen haben keinerlei Kontakt zu ihren Kindern oder Eltern. Das geht so weit, dass Freunde von Verstorbenen zuweilen gar nicht wissen, dass die Verstorbenen

Kinder haben. Es gibt viele sehr traurige Geschichten, davon können vor allem Nachlassverwalter berichten. Übrigens müssen alle Erben gefunden sein, bevor das Erbe ausbezahlt werden kann. So eine Suche zieht sich manchmal über Jahre hin.

Sobald ich eine Wohnungstür zusperre, habe ich innerlich mit einem Auftrag abgeschlossen, auch wenn ich noch zu einer Mülldeponie fahre. Je nach Beschaffenheit bringe ich die Reste aus den Wohnungen zu verschiedenen Adressen. Manches kommt zu einer Verbrennungsanlage, anderes zum Recyclinghof. Wieder anderes gehört auf die Sondermülldeponie. Für die verschiedenen Stoffe habe ich in meinem Auto verschiedene Behältnisse.

Äußerst selten finde ich in einer Wohnung etwas, das zu schade zum Wegwerfen ist. Eine alte Dame war verstorben, und es gab einige große Schränke in ihrer Wohnung. Diese Schränke waren vollgestopft mit nagelneuer hochpreisiger Kleidung, zum Teil noch eingeschweißt oder mit Etiketten, alles in Kleidergröße 40. Nach Rücksprache mit der zuständigen Person, die mich beauftragt hatte, erhielt ich grünes Licht, die Kleidung zu einem Altenheim zu bringen. Erben gab es offensichtlich nicht.

Nach mittlerweile tonnenweise gesichtetem Papier bin ich heute nicht mehr neugierig auf persönliche Unterlagen fremder Menschen. Im Grunde genommen findet sich überall mehr oder weniger das Gleiche. Prinzipiell unterscheide ich zwei Arten von Wohnungstypen. Entweder sie sind spärlich möbliert, und es gibt wenig zu sichten. Oder sie sind proppevoll – in diese Kategorie fallen die Messie-

Wohnungen, in denen ich häufig zu tun habe. Sie sind ein Kapitel für sich.
In Messie-Wohnungen werden Dokumente nicht ordentlich abgelegt. Es gibt keine Ordner. Es gibt nur kiloweise Papier. *Mess* bedeutet im Englischen *Unordnung*. Unter einem *Messie-Syndrom,* an dem sogenannte Messies leiden, versteht man die Unfähigkeit, die eigene Wohnung in Ordnung zu halten und Alltagsaufgaben zu meistern.

In Messie-Wohnungen werden Behördenschreiben niemals alphabetisch abgelegt. Deshalb muss ich akribisch suchen und darf Papier nicht bündelweise wegwerfen. Irgendwo zwischen einem Edeka- und Aldi-Prospekt kann sich ein Schreiben der Krankenkasse verstecken, das mir beispielsweise Aufschluss darüber gibt, dass der schwarze Koffer, den ich unter zirka hundert leeren Zahnpasta- und Rasierschaumtuben in der Badewanne gefunden habe, Eigentum einer Krankenkasse ist. Der Verstorbene hätte mit dem Inhalt des Köfferchens den Quickwert seines Blutes messen sollen. Der Quickwert ist ein Laborparameter zur Bestimmung der Blutgerinnbarkeit. Ich bezweifle, dass der Verstorbene sich dafür interessierte, sonst wäre der Koffer wohl an einem anderen Platz deponiert, fragt sich nur: wo? Als ich bei der Krankenkasse anrief und den Fund meldete, schickte man sofort einen Mitarbeiter, der den kostbaren Koffer abholen sollte, den man dort wohl bereits abgeschrieben hatte. Er war im Übrigen noch im Originalzustand, wie ich an den in Plastik verpackten medizinischen Gegenständen erkannte.

Ich gehöre nicht zu den Leuten, die im Schnelldurchgang durch eine Wohnung zischen und alles wegwerfen. Ich un-

tersuche jeden Winkel sehr gründlich nach Hinweisen, die wichtig sein könnten. Dabei gilt meine Aufmerksamkeit sowohl materiellen als auch ideellen Hinterlassenschaften. Manchmal finde ich Kinderbilder, kleine schwarzweiße mit gezacktem Rand. Wenn es Angehörige gibt, händige ich ihnen solche Fotos aus. Manchmal sind sie bekannt, es gibt aber auch Fälle, da mache ich jemandem eine Freude. »Ja, das ist mein Bruder, da war er drei oder vier, weil es ja noch vor dem alten Haus fotografiert wurde, und hier hinten ist unsere Mutter. Ich wusste gar nicht, dass es aus dieser Zeit noch Fotos gibt, danke!«
»Gern geschehen!«

JOBHOPPING

Sie sind bestimmt ein eher cooler Typ, oder?«
Dies werde ich oft gefragt, und ich weiß nicht, was ich darauf antworten soll, denn es klingt oberflächlich und viel zu salopp in meinen Ohren. Ich bin einfach für meinen Beruf geschaffen, ja, ich möchte so weit gehen zu behaupten, ich bin dafür geboren. Tatortreinigung ist meine Erfüllung. Deshalb bin ich heute so stolz und glücklich, dass ich von dieser Tätigkeit leben kann. Es war ein steiniger Weg bis dahin und dauerte sehr lange!
Obwohl ich immer mehr Aufträge bekam, lagen zwischen den einzelnen Tatorten manchmal Wochen. Deshalb arbeitete ich weiterhin im Praxismanagement, in der Rechtsanwaltskanzlei und im Forderungseinzug – ich hatte eine Zeit lang also insgesamt vier Jobs. In den ersten drei Jahren gab es durchschnittlich nur alle paar Wochen einen Auftrag für meine Tatortreinigungsfirma. Durchschnittlich bedeutet natürlich, dass ich manchmal zwei Eilaufträge auf einmal zu bewerkstelligen hatte, und dann wieder eine wochenlange Durststrecke.
Da ich mich auf die Einkünfte durch die anderen Jobs verlassen konnte, beunruhigte mich das nicht. Hauptsache, meine Existenz war gesichert. Aus diesem Grund wäre ich auch niemals auf die Idee gekommen, mich auf die Tatortreinigung zu fixieren. Ich bin ein sehr realistischer Mensch, und es geht mir besser, wenn ich die Dinge ohne Illusionen Schritt für Schritt anpacke. Ich vertraute darauf, dass ich eines Tages von meiner Berufung würde leben können. Egal, wie lang das dauern würde. Ich würde durchhalten!

Im medizinischen Bereich war zwischenzeitlich ein neues Qualitätssiegel eingeführt worden, wonach Arztpraxen arbeiten sollten. In Zusammenarbeit mit Pharmakonzernen schulte ich die Arztpraxen.
Ich muss das recht gut hingekriegt haben, denn bald konnte ich mich vor Anfragen kaum mehr retten. Viele Praxen wollten von mir in das neue System eingewiesen werden. Und wenn ich schon mal da war, überprüfte ich gleich noch die Wirtschaftlichkeit einer Praxis, optimierte Abläufe oder übernahm Sonderaufgaben wie zum Beispiel neue Räumlichkeiten zu suchen. Diese Tätigkeit machte mir großen Spaß, weil sie viele meiner Fähigkeiten aktiv forderte.
Es gab jedoch auch Nachteile. Erstens arbeitete ich schon wieder zu viel. Zweitens bekam ich zu wenig Geld und letztlich auch zu wenig Anerkennung, da ich mich oft wesentlich mehr engagierte als nötig. Mir fiel hier noch eine Verbesserung ein und da noch eine und dort noch eine – wenn ich etwas optimieren kann, dann muss ich das einfach tun.
Weil der Praxisalltag von meiner Tätigkeit nicht beeinträchtigt werden sollte, arbeitete ich vor allem am Wochenende, wenn die Praxen geschlossen hatten. Das war der beste Zeitpunkt, um neue Software zu installieren oder das Personal zu schulen. Wenigstens den Sonntagvormittag versuchte ich mir frei zu halten, um mit Angèlique »gepflegt« zu frühstücken. Franz schlief prinzipiell bis Mittag. Ich litt ein wenig darunter, doch ich wollte meiner lieben Tochter das Highlight nicht verderben, und so speisten wir sonntags in ihrem Wunschlokal: bei McDonald's.

Tatort Schwiegermutter

Franz vermisste mich überhaupt nicht, vielleicht fiel es ihm gar nicht auf, wie viel ich arbeitete. Hauptsache, sein Haus wurde abbezahlt. Nach wie vor parkte er sich unbeirrbar vor seinem PC. Er beteiligte sich nicht am Haushalt und steuerte keinen Euro zu unserem Etat bei.
Alle paar Monate raffte er sich auf und kochte Nudeln. Das konnte er. Auch seine Saucen schmeckten prima. Leider eben nur selten. Angèlique machte das nichts aus. Mir schon. Doch ich sah darüber hinweg, denn ich wusste ja, dass sie im Großen und Ganzen gut ernährt wurde. Franz' Mutter kochte nämlich mittags für ihn, und Angèlique durfte freundlicherweise mitessen. Zu Beginn war Franz' Mutter sehr nett zu Angèlique, doch leider änderte sich das.

Ständig wurden neue Verbote ausgesprochen. Meine Tochter sollte nicht so laut sein. Sie sollte den frisch gesprengten Rasen nicht betreten. Bis 16 Uhr sollte sie keine Musik hören. Sie sollte das Telefon nicht blockieren und so weiter und so weiter. Ich verstand die Botschaft sehr wohl: Am liebsten wäre es mir, ihr würdet gar nicht da sein!
Wenn ich mit Franz darüber sprechen wollte, sagte er: »Das bildest du dir ein.« Und schon starrte er wieder auf seinen PC, als ob ihn das nichts anginge.

Als Angèlique in die Pubertät kam und ihren eigenen Charakter entwickelte, nahm sie kein Blatt mehr vor den Mund. Sie sagte einfach rundheraus, was sie über andere dachte. Meine kluge Tochter hatte einen unbestechlichen Blick. Doch im hormonellen Überschwang fehlte ihr manchmal die Diplomatie, und so machte sie es sich selbst schwer. Sie sagte nicht, was andere gern gehört hätten. Das verschlim-

merte natürlich unsere unangenehme Wohnsituation, der Angèlique oft ohne meinen Beistand ausgesetzt war.
Es tat mir sehr leid, dass ich so viel arbeiten musste, um für unseren Lebensunterhalt aufzukommen. Zum Glück hatte Angèlique einen stabilen Freundeskreis, in dem sie bestens aufgehoben war. Immer wieder fragte ich sie, wie sie damit zurechtkomme, dass ich oft nicht zu Hause sei.
»Das geht klar, Mama.«
Angèlique ist mir sehr ähnlich. Mit ihren Gefühlen geht sie nicht hausieren, und sie macht viel mit sich selbst aus. Als sie in die Pubertät kam, krachte es einige Male zwischen uns. Ich bekam jene Vorwürfe zu hören, die allein erziehende Mütter in diesem Alter von ihren Kindern für gewöhnlich hören, und erwiderte das, was Mütter in meiner Situation dann eben so sagen. Dass ich das doch alles nur gemacht habe, um meiner Tochter ein gutes Leben zu bieten, dass ich für uns beide gearbeitet habe. Angèlique erwiderte daraufhin, sie wäre auch mit weniger zufrieden gewesen, und ich sagte, dass man im Leben nicht immer das tun könne, was man sich wünsche – und so ging es hin und her, und zum Schluss lagen wir uns in den Armen. Meistens. Manchmal aber auch nicht, manchmal dauerte es ein paar Tage bis zur Versöhnung. Denn natürlich war ich verletzt, wenn meine Tochter nicht einsehen wollte, dass ich mein Leben so arbeitsintensiv gestaltet hatte, um ihr etwas bieten zu können.
»Wir haben in tollen Wohnungen gelebt, du hast fast alles bekommen, was du dir gewünscht hast, wir sind in Superurlaube gefahren, du warst immer dabei auf meinen Reisen – was willst du denn noch?«
»Du hättest mehr Mama sein sollen.«
»Das wäre ich auch gern gewesen. Aber ich musste Geld verdienen.«

Angèlique meinte vielleicht, ich hätte mir andere Männer suchen sollen. Männer, die mich unterstützten. Dieses Argument ist nicht von der Hand zu weisen. Mal sehen, was sie mit ihrem Leben anfängt und welche Erfahrungen sie sammelt. Wie jede Mutter hoffe ich inständig, sie möge aus meinen Fehlern gelernt haben und es einmal besser machen als ich.

Ich bin sehr stolz auf meine Große! Und sie ist auch stolz auf ihre Mama. Meinen Beruf fand sie von Anfang an total spannend. An die Zeit, in der ich als Model arbeitete, erinnert sie sich kaum noch. Doch sie weiß viele Details aus meinem Beginn als Tatortreinigerin. Stundenlang saß sie in meinen Labors neben mir und beobachtete, wie ich mit unterschiedlichen Mitteln experimentierte und verschiedenste Probleme zu lösen versuchte. Wenn sie im Chemieunterricht etwas Interessantes lernte, konnte sie es kaum abwarten, mir davon zu erzählen.

Eines Tages erschien ein Interview mit mir in einer Regionalzeitung. Angèliques Schulkameraden interpretierten es so, dass ich Leichen waschen würde.
Das fand Angèlique lustig und erklärte, was ihre Mama in Wirklichkeit machte. Wenn ich befürchtet hatte, meine Tätigkeit würde meine Tochter in Verruf bringen, so täuschte ich mich gründlich. Das Gegenteil war der Fall. Mein Beruf führte zu keinem Prestigeverlust für Angèlique. Hin und wieder erzählte ich ihr auch etwas aus meinem Alltag. Manche Fälle beeindrucken sie nachhaltig, wie der des jungen Kenianers aus dem Studentenwohnheim.

Der afrikanische Student

Ein Student aus Kenia hatte sich die Pulsadern aufgeschnitten, weil er mit dem Druck im Studium nicht zurechtkam. Seine Familie hungerte, um dem Hoffnungsträger im Ausland eine Ausbildung zu ermöglichen. Doch er litt an Heimweh, konnte sich nicht konzentrieren und fand keinen Anschluss an seine Mitstudenten. Er war so unglücklich, dass ihm der Freitod die beste Alternative schien.

»Aber Mama«, sagte Angèlique, »das wollte seine Familie doch bestimmt nicht! Wenn er sie gefragt hätte, hätten die doch sofort gesagt, er soll wieder nach Hause kommen. Das mit dem Studium ist doch nicht so schlimm, er hätte doch auch etwas anderes machen können.«

»Ja«, nickte ich. »Aber wenn die Hoffnung einer ganzen Familie für ein besseres Leben auf einem lastet, kann dieser Druck in eine Kurzschlussreaktion münden.«

Angèlique schwieg bedrückt.

»Egal, was du machst oder nicht machst«, sagte ich ernst, »es ist für mich nie ein Kriterium, ob du mich enttäuschst. Du kannst mich gar nicht enttäuschen, wenn du das tust, was für dich selbst das Richtige ist.«

Der afrikanische Student hatte in einem sehr kleinen Zimmer gelebt. Es erinnerte mich ein wenig an die Arrestzellen, in denen ich manchmal zu tun habe. Es gab einen Schreibtisch, ein schmales Bett und einen Schrank, in dem ein Waschbecken untergebracht war. Das Bad befand sich auf dem Flur, also hatte er »es« dort getan. Vorher hatte er noch ein Schild geschrieben, das er im Vorraum an die Wand klebte. »Bitte nicht betreten. Bitte die Polizei rufen. Danke.«

Dieses Schild – es hing noch dort, als ich anfing, den Raum zu säubern – fuhr mir wie ein Messer ins Herz. Wie mir der

Zimmernachbar erzählte, hatte er sich gegen sechs Uhr morgens das Leben genommen, eine gute Zeit im Studentenwohnheim, um im Bad eine Weile ungestört zu sein. Dem jungen Mann, mit dem ich nach der Säuberung ein paar Minuten sprach, tat es unendlich leid, dass er kaum mit dem Kommilitonen aus Kenia gesprochen hatte.
»Wenn ich das gewusst hätte! Ich habe immer gedacht, er redet mit keinem, weil er so fleißig ist, weil er so viel lernt, da hat ja immer Licht gebrannt, rund um die Uhr lernt der, habe ich geglaubt und manchmal direkt ein schlechtes Gewissen gehabt, weil ich selbst es viel lockerer angehe. Damit hätte ich nicht gerechnet.«

Die meisten Menschen vermuten, sich die Pulsadern in der Badewanne aufzuschneiden sei eine saubere Art, aus dem Leben zu scheiden. Die Fälle, die mir in dieser Todesart begegnet sind, sahen alle nicht so sauber aus, da die Selbstmörder den Arm, an dem sie sich die Pulsadern öffneten, eben nicht in die Wanne mit dem Wasser legten, sondern ihn außerhalb der Wanne hängen ließen. So spritzte das Blut durch den ganzen Raum. Ich weiß nicht, warum das so ist. Vielleicht gibt es ganz zum Schluss doch noch eine Hemmschwelle, im eigenen Blut zu sterben?

Vom OP zum Einsatz

An einem Mittwoch bekam ich innerhalb von einer Stunde zwei Notfälle. Einen Drogentoten und meinen eigenen Bauch. Ich hatte so starke Oberbauchschmerzen, dass ich kaum mehr gerade stehen konnte. Pflichtbewusst wie ich bin, kümmerte ich mich zuerst einmal um den Fundort der Drogentoten, einer jungen Frau, die sich in ihrer eigenen

Wohnung den goldenen Schuss gesetzt hatte, ob versehentlich oder beabsichtigt, wusste ich nicht.

Besonders viel gab es hier nicht für mich zu tun, die Eltern, die täglich mit ihrer Tochter telefonierten, hatten sie nach zwei Tagen gefunden. In der ungewöhnlich ordentlichen Wohnung befand sich aber eine kleine Besonderheit. Eine Holztür war durchgeschlagen, und ich überlegte, ob sich hier der Schmerz eines Vaters entladen haben könnte. Immerhin war ich über diesen Gedanken von meinen Schmerzen abgelenkt, so dass sie im Laufe des Tages komplett verschwanden. Doch sie kehrten gegen Abend zurück. Für einen Arztbesuch war es jetzt zu spät, außerdem war ich beruflich ja ohnehin ständig bei Ärzten.

Einer dieser Mediziner sprach mich in der darauffolgenden Woche an. Mit zusammengebissenen Zähnen murmelte ich etwas wie »Halb so schlimm.« Zum Glück nahm mich der Arzt nicht ernst und bestand auf einer Ultraschalluntersuchung. Gallensteine, lautete die Diagnose, und ehe ich mich versah, lag ich im Krankenhaus.

Es tröstete mich nicht, dass ich in die Zielgruppe passte, die bei Ärzten unter dem Stichwort »5F« bekannt ist: fat – female – fertile – forty – fair. Übersetzt heißt das so viel wie übergewichtig, weiblich, fruchtbar, vierzig Jahre alt und blond. Die »5-F-Regel« richtet sich nach den klinischen Erfahrungen von Ärzten und besagt, dass übergewichtige blonde Frauen um die vierzig, die bereits Kinder geboren haben, die größte Risikogruppe für Gallensteinleiden darstellen. Nun, fett und vierzig war ich nicht, aber operiert werden musste ich trotzdem.

»Aber erst in drei Tagen«, verlangte ich und entließ mich selbst aus dem Krankenhaus, schließlich hatte ich eine Menge zu tun. Ich musste sicher sein, dass Angèlique gut versorgt war. Irgendjemand musste sich um das Telefon der Tatortreinigung kümmern, und dann musste ich mich bei meinen anderen Jobs krankmelden. Wie für jeden allein arbeitenden Selbstständigen bedeutet auch für mich eine Krankheit Stress. Gerade von einem Dienstleister erwarten die Leute ständige Verfügbarkeit. Wenn jemand seine Wohnung wegen eines Todesfalls nicht betreten kann, will er nicht bis übernächste Woche warten. In meinem Beruf eilt es immer. Normalerweise fahre ich noch am Tag eines Anrufs – sofern er mich bis zum Nachmittag erreicht und es irgendwie zu organisieren ist – zum jeweiligen Fundort, um schnellstmöglich einen Kostenvoranschlag zu unterbreiten.

Natürlich wäre ein zuverlässiger Mitarbeiter großartig, der mich in solchen Situationen vertreten könnte. Doch ich kann mir keinen fest angestellten Kollegen leisten. Ich weiß nie, wann ich wie viele Aufträge habe. So könnte es sein, dass ich tagelang keine Arbeit für meinen Mitarbeiter hätte, den ich ja trotzdem bezahlen müsste. Und in den Urlaub gehen will der Mitarbeiter auch, und wenn er mal Oberbauchschmerzen hat und sich die Galle entfernen lassen muss, bin ich wieder allein. Freie Mitarbeiter sind für meinen Job ebenfalls nur schwer zu finden, wobei ich mittlerweile zum Glück einen festen Stamm habe, den ich mir über die Jahre mühsam aufgebaut habe.

Franz war in der Zeit meiner Gallenoperation wieder einmal rührend um mich besorgt, zwei ganze Tage lang. Vier Tage nach der Operation erhielt die Tatortreinigung Schendel die nächste Anfrage und war sofort einsatzbereit. Wenn jemand anruft und Hilfe braucht, kann ich nicht erst in zwei Wochen auftauchen. Das ist so, als würde ein Bestat-

ter seine Kunden, die mit einem Leichnam in der Wohnung warten, auf nächste Woche vertrösten.
Im Vordergrund steht für mich erst mal, die Geruchsentwicklung zu unterbinden beziehungsweise ihre Ursachen zu beseitigen, auch wenn ein Verstorbener allein in seiner Wohnung gelebt hat. Der Leichengeruch zieht durch das ganze Haus, andere Mieter beschweren sich. Da ist das Heimkommen nicht mehr schön, wenn sich im Treppenhaus Verwesung ausbreitet.
Nicht zuletzt spielt auch die seelische Belastung der Menschen eine große Rolle. Man möchte die Spuren so schnell wie möglich beseitigt wissen – und deswegen ist die Tatortreinigung Schendel innerhalb kürzester Zeit vor Ort.

Der traurige Tote

Der Mann hatte allein in seiner Dreizimmerwohnung gelebt. Seine Frau war schon vor vielen Jahren verstorben, und von diesem Moment an hatte der Mann das Schlafzimmer nicht mehr benutzt. Dort hatte er alles so gelassen, wie es seine Frau zuletzt berührt hatte. Die Haarbürste lag vor der kleinen Frisierkommode, Lippenstifte, Parfüm, Nagellack. Das Schlafzimmer war sehr sauber. Offensichtlich hatte der Mann es häufig und gründlich geputzt. Doch über den Gegenständen seiner Frau lag eine dichte Staubschicht.
Der Mann selbst war in das ehemalige Kinderzimmer gezogen. Von seinem Sohn erfuhr ich, dass sein Vater seit dem Tod seiner Frau vor vier Jahren keine Freude mehr am Leben gehabt und sich einzig und allein nach dem Tod gesehnt habe. »Wir haben alles versucht, meine Schwester und ich. Nicht mal die Enkeltochter, die mein Vater seit

einem Jahr hat, konnte ihn aufheitern. Er war in einem ganz tiefen Loch und ist da nicht mehr rausgekommen.«
»Da ist es ja fast ein Wunder, dass er so lange durchgehalten hat«, dachte ich laut. »Wenn jemand sich so sehr nach dem Tod sehnt.«
»Mein Vater war streng katholisch«, erklärte mir der Sohn. »Selbstmord wäre niemals in Frage gekommen für ihn, obwohl er es natürlich schon versucht hat.«
Fragend schaute ich den Sohn an. Er war mir sehr sympathisch, und ich konnte seine Trauer deutlich spüren – obwohl er die Entscheidungen seines Vaters akzeptierte.
»Er hat über lange Strecken jede Nahrung verweigert. Am liebsten hätte er sich zu Tode gehungert. Das wäre in seinen Augen kein richtiger Selbstmord gewesen. Er sagte, er habe einfach keinen Appetit mehr. Doch meine Frau und ich haben ihn immer wieder hochgepäppelt. Dann ist es eine Weile gutgegangen, bis er wieder nichts gegessen hat.«
»Das tut mir sehr leid«, sagte ich, »was für eine berührende Geschichte.«
»Und jetzt sind wir also in den Urlaub gefahren, und er hat wieder nichts gegessen. Heute Morgen habe ich ihn gefunden, in seinem Bett im Kinderzimmer, er ist nicht ans Telefon gegangen, da habe ich schon so ein komisches Gefühl gehabt. Wir sind erst gestern Nacht zurückgekommen. Meine Frau macht sich arge Vorwürfe, aber es war unser erster längerer Urlaub seit fünf Jahren, und wir dachten, wir hätten ihn vorher gut genug aufgepäppelt. Der Arzt meinte, er ist erst gestern Morgen gestorben.«
»Jetzt hat er es geschafft«, sagte ich leise.
»Ja. Jetzt ist er endlich bei seiner Frau«, nickte der Sohn und versuchte ein Lächeln, das schief und unglücklich aussah. Und tapfer.

Im Laufe der Arbeit an der Wohnung – ich übernahm die komplette Entrümpelung – entwickelte sich eine intensive Beziehung zu dieser Familie. Heute sind wir eng befreundet.

Noch während ich in dieser Wohnung beschäftigt war, bekam ich den nächsten Auftrag. Ein Mann war, wahrscheinlich wochenlang, unentdeckt in seinem Haus gelegen. Die Geruchsentwicklung war enorm. Da es sich um ein allein stehendes Haus handelte und der Briefkasten sich am Gartenzaun befand, hatte niemand Alarm geschlagen. Die Tochter des Mannes war in Nepal auf einer Trekkingtour und hatte keine Möglichkeit gehabt, von unterwegs anzurufen – einen Computer zum Austauschen von E-Mails besaß er nicht.
Das Zimmer, in dem der Mann gefunden wurde, war in keinem guten Zustand. Es wimmelte von Schädlingen, die sich zum Teil auch in andere Räume ausgebreitet hatten. Der Geruch war so überwältigend, dass ich nur mit Atemschutzmaske arbeiten konnte. Wenn ich über den Teppich lief, knackte es überall. Mittlerweile wusste ich, dass das die Kokons der Maden waren.
Maden lieben Teppiche und fressen sich dort hinein. Manchmal sieht man nur noch die braunen Spitzen der Kokons herauslugen. Da viele Teppiche braun sind, erkennt man sie oft gar nicht. Man hört es nur knacken. Maden sind weiß. Es gibt auch häufig helle Teppiche. Bei Ungezieferbefall entferne ich natürlich die Teppiche. Gelegentlich wird das Ausmaß der Besiedelung erst sichtbar, wenn ein Teppich weg ist.
Es ist oft eine Herausforderung, extremen Geruch aus einer Wohnung zu tilgen. Gerade Naturfasern filtern den

Geruch besonders gut und konservieren ihn sozusagen pur. Die hauptsächliche Geruchsquelle sind also fast immer Textilien. Zum Glück weiß ich mir zu helfen, und ich habe es bisher in jeder Wohnung geschafft, wieder einen neutralen Geruch herzustellen.

DIE TRENNUNG

Der Jahreswechsel von 2006 auf 2007 war mein letztes Silvester mit Franz. Nein, eigentlich ohne ihn. Er saß natürlich vor dem PC, und vielleicht stießen wir sogar einmal miteinander auf das neue Jahr an. Ich erinnere mich nicht daran. Ich weiß jedoch, dass ich nicht mit ihm ausgehen wollte, da er dazu neigte, sich maßlos zu betrinken – und so wollte ich das neue Jahr nicht beginnen!
Nun sollte alles besser werden. Ich wollte nicht mehr so weiterleben wie bisher. Die Situation in unserem Haus hatte sich dramatisch zugespitzt. Mit Franz' Mutter stritt ich häufig, denn selbstverständlich gab sie mir die Schuld daran, dass ihr Sohn trank. Franz selbst wies es natürlich weit von sich, ein Alkoholproblem zu haben. Hin und wieder ein Gläschen Rotwein, das war doch normal, hin und wieder ein kühles Bierchen, das trinkt doch jeder. In einem waren sich beide einig: dass er keine Arbeit fand, weil er ja den ganzen Haushalt übernehmen musste, weil ich ständig fort war.
Warum war ich denn ständig fort? Weil ich Geld verdienen musste, damit der gnädige Herr seine Hypotheken bezahlen konnte. Ich kalkulierte meine fixen Kosten und kam zu dem Schluss, dass es billiger für mich wäre, wenn ich eine Wohnung für Angèlique und mich mietete. Das Problem war die Zeit, die ich für die Wohnungssuche aufwenden müsste, doch diese Ausrede wollte ich nicht mehr gelten lassen. Ich steckte voller Vorsätze und Tatendrang und wollte mich aus der Tristesse in diesem Haus befreien. Als ich meiner Tochter davon erzählte, war sie nicht so begeis-

tert, wie ich erhofft hatte. Angèlique fürchtete, ihren Freundeskreis zu verlieren.
»Wir bleiben in der Nähe«, versprach ich ihr.

Ich beschloss, Franz eine letzte Chance zu geben. Wir waren so viele Jahre zusammen, vielleicht brauchte er Druck, um sich zu ändern? Vielleicht sollte ich es doch noch einmal versuchen? Ich hatte mich in letzter Zeit nicht besonders für uns eingesetzt. Im Grunde genommen hatte ich mich kaum um ihn gekümmert, ich hatte mein Leben so gelebt, wie ich es für richtig hielt, und er hatte mir kein Zeichen gegeben, dass ihn das störte, weil er ja immer nur vor seinem PC hockte.

Ich führte ein ernstes Gespräch mit Franz, bei dem er ständig auf seinen Bildschirm starrte, als würde er von dort geheime Botschaften bekommen. Ich sagte ihm klipp und klar, dass sich bei uns etwas ändern müsste. Nach dem Gespräch verließ Franz das Haus und ward nicht mehr gesehen. Am nächsten Vormittag fragte mich seine Mutter, ob er schon aufgestanden sei.
»Er ist gar nicht nach Hause gekommen«, sagte ich.
»Der arme Junge! Nicht einmal mehr daheim findet er es schön!«

Ich beschloss, den Geldhahn ab sofort zuzudrehen. Das beunruhigte vor allem Franz' Mutter, und sie versuchte ihren Sohn zu motivieren, sich Arbeit zu suchen. Nicht ohne mir ständig Vorwürfe zu machen, dass der arme Junge so ein sensibles Gemüt habe. Mein erster Erfolg zeigte sich darin, dass Franz sich bereit erklärte, sich an der Strom- und Wasserrechnung zu beteiligen. Demnächst.

Die Wohnungssuche stellte sich sehr schwierig dar. Entweder die Wohnungen waren zu klein, zu teuer, zu weit entfernt von Angèliques Schule oder zu groß. Eine einzige hätte mir gefallen, doch die Eigentümerin wollte nicht an eine allein erziehende Mutter vermieten.

In den vergangenen Jahren hatte ich Franz' Haus mit Möbeln und Elektrogeräten ausgestattet. Als ich seinerzeit eingezogen war, hatte es nicht einmal eine Einbauküche gegeben. Fast die ganze Ausstattung gehörte mir. Wohin damit? Ich wollte kein Haus mieten, sondern eine Wohnung, also würde ich viel zurücklassen oder verkaufen müssen. Das alles kostete Zeit, um es zu organisieren – aber zuerst einmal musste ich wissen, wohin.

Zwischendurch verzweifelte ich fast. Zu Beginn waren meine Ansprüche wie bei den meisten Menschen, die einen Umzug planen, hoch. Hell und günstig, mit Balkon, ruhige Lage, aber zentral und nah bei der Schule. Nach und nach wurde ich bescheidener. Und fand trotzdem nichts. Dann musste ich die intensive Suche abbrechen, weil ich zu Tatorten gerufen wurde.

Das freute mich natürlich riesig, auch wenn der Zeitpunkt der falsche war. Mein Baby lernte sozusagen laufen. So gut sogar, dass ich es wagte, meinen Job in der Rechtsanwaltskanzlei aufzugeben und nur noch das Forderungs- und das Praxismanagement weiter zu betreiben. Da ich in beiden Jobs meine Zeit frei einteilen konnte, war es mir möglich, mich, wann immer es nötig war, um meine Firma zu kümmern.

Verdachtsmomente

Zu den Rechnungen, die ich für Franz bezahlte, gehörte auch seine Handyrechnung. Als ich meine Kontoauszüge überprüfte, wunderte ich mich über die hohen Beträge. Ich forderte einen Einzelverbindungsnachweis an, den Franz offenbar zwischenzeitlich abbestellt hatte. Als Vertragsinhaberin konnte ich das rückgängig machen – und staunte nicht schlecht, als ich für die letzten vier Wochen einen neunseitigen Ausdruck erhielt, in dem fast nur eine einzige Nummer gewählt worden war. Und das war nicht meine Nummer, ganz im Gegenteil, die tauchte nie auf, obwohl ich kürzlich einige Tage beruflich in Berlin gewesen war. Franz hatte mich dort kein einziges Mal angerufen, nur diese andere Nummer, täglich Dutzende Male.
Wer steckte dahinter? Ich tippte die Nummer ins Telefon, und dann fiel mir mein Handy aus der Hand. Nein, das konnte nicht sein! Ich musste mich setzen. Mir war ganz flau zumute. Ob ich mich verwählt hatte? Ich versuchte es erneut. Wieder landete ich bei derselben Stimme. Sie gehörte der Tochter von Franz' bestem Freund.

Franz saß ungewöhnlicherweise nicht vor dem PC, als ich nach Hause kam. Vielleicht war der PC nur eine Tarnung, überlegte ich. Vielleicht machte er sich aus dem Staub, wann immer ich oder Angèlique unterwegs waren? Als Franz am Abend nach Hause kam, staunte er erst mal, dass er mich antraf: »Wolltest du heute nicht bei diesem Vortrag von der Gerichtsmedizin sein?«
Ich erwiderte nur trocken: »Hast du mir nichts zu sagen?«
»Äh, wieso?«
»Ich denke, wir befinden uns hier nicht im Kindergarten.

Ich denke, dass es mein gutes Recht ist, zu erfahren, wer deine neue Partnerin ist.«
»Äh, neue Partnerin? Äh, wie meinst du das?«
»Ich weiß, wovon ich spreche.«
»Äh, aha. Also tja, also ich weiß nicht, was du meinst. Ich habe keine neue Partnerin.«
»Das sehe ich anders.«
»Na, das würde ich doch wohl wissen?« Er grinste.
»Man telefoniert nicht hunderte Male mit derselben Nummer, wenn man da nicht ...«, ich räusperte mich, weil ich selbst nicht wusste, wie ich es nennen sollte, »engagiert ist.«
Schlagartig überflutete Röte Franz' Gesicht. Er versuchte, weiterhin den unschuldig Verdächtigten zu spielen. »Was willst du mir sagen?«
»Ich glaube, dass du ein Verhältnis mit der Tochter deines besten Freundes hast.«
Er wurde noch roter im Gesicht, obwohl das kaum möglich war. In diesem Moment hasste ich ihn, und der letzte kleine Rest an Gefühl, den ich vielleicht noch für ihn empfand, löste sich in Verachtung auf.
»Man kann doch wohl hin und wieder mal anrufen und fragen, wie es so geht.«
»Zwanzig, dreißig Mal am Tag?«
»Ich kenne sie eben schon, seit sie ein Baby ist.«
»Das macht das Ganze noch widerlicher.«
»Wir haben uns eben angefreundet. Was geht dich das überhaupt an?«, startete er seine Offensive.
»Ich bezahle deine Telefonrechnung«, erwiderte ich knapp.

Neustart

Im Frühling 2007 fand ich endlich eine Wohnung in Krefeld. Ich war überglücklich, weil die Räume über zwei Etagen gingen und herrlich großzügig geschnitten waren. Es gab sogar einen offenen Kamin, und Angèlique konnte zu Fuß zur Schule gehen.
Leider dauerte mein Umzug länger als geplant, da sich der Eigenheimbau meiner Vermieter, die bislang in dieser Wohnung gewohnt hatten, verzögerte. Nun war es Franz, der zur Eile drängte. Jetzt, auf einmal!

Seitdem sein Verhältnis mit Nadine aufgeflogen war, ging er mir aus dem Weg. Meistens war er fort, wenn ich nach Hause kam. Ich fragte mich, wie er ohne seinen Computer überlebensfähig wäre, doch vielleicht hatte er einen zweiten bei Nadine. Ich war zuversichtlich, dass wir unsere Trennung reibungslos über die Bühne bringen würden. Deshalb wollte ich Franz großzügig entgegenkommen und ihm die meisten Möbel und Elektrogeräte, die ich angeschafft hatte, überlassen.
Doch dann machte Franz Druck und verlangte von mir einen konkreten Auszugstermin innerhalb der nächsten Woche. Da ich selbst in der Luft hing, konnte ich den nicht nennen. »Alles, was ich dir zusichern kann, ist, dass ich in vier Wochen umgezogen sein werde. Das haben mir meine Vermieter garantiert.«
»In vier Wochen erst?«, wiederholte er übellaunig.
Ich nickte.
»Wenn das so ist«, eröffnete Franz mir, »musst du mit Angèlique zusammenrücken. Nadine zieht morgen hier ein«, stellte er mich vor vollendete Tatsachen.

Das war der Tropfen, der das Fass zum Überlaufen brachte. Ich war immer fair gewesen und hatte niemals aufgerechnet, wie viel Geld ich für Franz ausgegeben hatte. Jetzt reichte es mir. Dass er nicht mal vier Wochen abwarten konnte! Dass er meine jugendliche Nachfolgerin, während ich noch in diesem Haus wohnte, hier einquartieren wollte, das war zu viel!
Ich änderte meine Meinung und setzte meine ganze Energie in den Verkauf der Möbel und Gerätschaften, die mir gehörten. Die komplette Küche, das Schlafzimmer, der Fernseher, die Musikanlage, die Garderobenschränke, das Ledersofa – ich verkaufte alles. In meine neue Wohnung nahm ich nur wenig mit, und eine Küche brauchte ich dort nicht, die war bereits eingebaut.
Nadine zog dann übrigens doch erst ein, als ich weg war, ich vermute, weil sie mehr Feingefühl besaß als Franz.

Heute bereue ich es, dass ich so viel Zeit mit Franz verschwendet habe. Ich hätte mich viel früher von ihm trennen sollen. Dennoch habe ich eine Menge gelernt in dieser Beziehung; das hilft mir jetzt, meine Beziehung auf einer anderen Basis zu gestalten. Nie wieder würde ich es so weit kommen lassen. Oder wie mit Anthony. Und erst recht nicht so weit wie mit dem Vater von Angèlique.
Wenn ich anderen Frauen manchmal von meinem Pech in der Liebe erzähle, können sie das kaum fassen. »Du machst nicht den Eindruck, als würdest du dir so was bieten lassen«, wundern sie sich. »Du bist doch so tough und entschieden und selbstbewusst.«
Ja, das bin ich – im Beruf. Aber vielleicht ist meine Nachgiebigkeit im Privatleben die andere Seite, die genauso zu mir gehört. Ehrlich gesagt finde ich das auch schön, aber

ich werde mich nicht mehr für dumm verkaufen lassen. Ich weiß heute, worauf es in einer glücklichen Beziehung ankommt. Der gegenseitige Respekt ist die unverzichtbare Basis. Darüber hinaus erwarte ich, dass meinem Partner unsere Beziehung so wichtig ist, dass er in sie investiert, damit das Glück im Alltag nicht untergeht. Dazu gehören zwei, die sich gegenseitig schätzen und achten und sich das auch zeigen.

Die unglückliche Mutter

Zu Beginn meiner Tätigkeit als Tatortreinigerin hatte ich geglaubt, die meisten Suizide würden sich im Herbst und zur Weihnachtszeit ereignen. Das stimmt nicht. Der Frühling ist es, der die meisten Opfer fordert. So auch die Mutter eines elfjährigen Jungen, die an Multipler Sklerose litt. Als ich dies erfuhr, berührte es mich besonders, schließlich war mir diese Krankheit wegen meiner eigenen Mutter sehr vertraut.
Die Tote war Lehrerin gewesen und hatte mit ihrem Sohn in einer modernen Dachterrassenwohnung mit Blick ins Grüne gewohnt. Vom Wohnzimmer aus führte eine schmale Treppe hinauf auf eine Art Galerie, wo an dem Geländer ein Seil befestigt war. Von hier aus war sie gesprungen. Was mich verwunderte, war, dass die Frau auf dem Boden Matratzen ausgelegt hatte. Warum hatte sie das gemacht? Eine Vorsichtsmaßnahme, falls das Seil reißen würde? Damit sie sich nicht wehtat, wenn etwas schiefging? Um den Teppich zu schonen?

Der Vater der Verstorbenen hatte sich bei mir gemeldet. Er wollte die Wohnung nicht betreten. Wir trafen uns vor der Tür, und während ich mir einen Überblick verschaffte, wartete er vor der Tür. Die Frau hatte zwar einige Stunden am Seil gehangen, doch ich entdeckte keine Spuren, nirgendwo Leichenflüssigkeit, nichts aufzuwischen. Die Wohnung sah völlig normal aus. Allein die Matratzen auf dem Boden irritierten.

Mit Argusaugen suchte ich den Raum ab und entdeckte ganz zum Schluss einen kleinen Blutfleck, der musste nicht frisch sein. Ich entfernte ihn mit einem Spezialmittel, ehe ich den Vater hereinbat. Dem war es sichtlich peinlich, dass er mich gerufen hatte, obwohl es gar nichts zu beseitigen gab.

»Ich habe mir gar keine Gedanken gemacht, was ich vorfinden würde«, stammelte er, »ich wollte nur nicht ... Also ganz allein ...«

»Das ist völlig in Ordnung, das haben Sie absolut richtig gemacht. Man weiß nie, was einen erwartet.«

»Dann stellen Sie mir diesen Besichtigungstermin am besten in Rechnung. Sie können sich darauf verlassen, dass ich den Betrag, den ich Ihnen schuldig bin, umgehend überweise.«

»Sie kriegen keine Rechnung von mir. Ich schaue mir die Fälle immer erst einmal an, das gehört zu meinem Service.«

»Aber ich hatte noch woanders angerufen, die wären allerdings erst morgen gekommen, und die haben gesagt, sie müssten die ganze Wohnung desinfizieren wegen Seuchengefahr.«

»Das ist Unsinn. Gut, dass Sie denen nicht auf den Leim gegangen sind.«

»Ja, das erschien mir auch seltsam.«

»Es gibt leider auch in meiner Branche schwarze Schafe, die den Menschen Angst einjagen.«

»Sie sind so weit gefahren, wollen Sie nicht wenigstens die Anfahrt berechnen?«

»Nein.«
»Darf ich Sie zu einer Tasse Kaffee einladen?«
»Ja.«

In einem kleinen Café, in dem außer uns nur ältere Damen mit grauen und manchmal bläulich schimmernden Dauerwellen saßen, schüttete mir der Mann sein Herz aus. Er tat mir unendlich leid, denn vor einem Jahr war seine Frau bereits an Krebs gestorben. Ich habe später noch oft an ihn gedacht und hoffe inständig, dass ihn sein Enkelkind über die schweren Schicksalsschläge hinwegtröstet. Die Mutter hatte den Jungen am Tag vor dem Suizid zu ihm gebracht. Da wusste das Kind noch nicht, dass es seine Mama nie wiedersehen würde. Diese schreckliche Konfrontation stand dem Mann, der seine einzige Tochter verloren hatte, noch bevor.
»Ich ahnte nichts«, vertraute er mir an. »Gestern Abend hat sie mir Julian gebracht. Ganz normal, ich hatte ihn oft bei mir. *Ich muss heute zu einem wichtigen Termin, Papa. Kannst du den Julian bis morgen Abend nehmen?* Sie war wie immer. Doch an ihren Augen habe ich gesehen, dass sie starke Schmerzen hat. Natürlich nehme ich Julian, habe ich gesagt. Ich habe auch nicht gefragt, was das für ein Termin sei. Vielleicht waren es nur die Schmerzen. Ich wollte sie nicht ausfragen. Ich hab mich nie eingemischt. Aber zum Schluss, da hat sie etwas Ungewöhnliches gemacht. Sie hat mich gedrückt. Nicht so flüchtig, sondern feste. Richtig feste. Aber das habe ich erst später realisiert. Dass sie es da schon wusste und sie sich auf diese Weise verabschiedet hat.«

Schwarze Schafe

Leider erfahre ich immer wieder von Fällen, in denen jemand quasi am Montag beschließt, Tatortreiniger zu werden, und am Dienstag schon den ersten Auftrag übernimmt. Viele solcher Leute haben im Kino mal einen Tatortreiniger gesehen oder in einem Buch darüber gelesen und denken sich, dass sie das auch können. Bisschen drüberwischen und fertig. Gelgentlich spielt hierbei auch eine Portion Sensationslust mit. Das kann gefährlich werden, denn mit ein bisschen Drüberwischen ist es häufig nicht getan. Oder eben doch.

Manchmal ruft mich jemand an und will wissen: »Wie kriegen Sie das Blut eigentlich weg, was nehmen Sie da für Mittel, klappt das mit Spüli?«
Ich wundere mich über die Erwartung, ich würde meine Rezepte, die ich jahrelang erforscht und erprobt habe, einfach mal so am Telefon ausplaudern. Oder Ratschläge an die Konkurrenz verteilen, welche technischen Geräte ich einsetze, obwohl ich manche davon selbst umgerüstet habe für spezielle Anforderungen.
Leider lassen sich viele Auftraggeber von unseriösen Auftritten blenden. Da gibt es eine Firma, die inseriert, sie hätte fünfzig Filialen in Deutschland und wäre seit zehn Jahren auf dem Markt. Interessant, denke ich. Warum weiß ich davon nichts? In welcher Zeitrechnung bewegen die sich? Und wo sind die fünfzig Filialen eigentlich? Es gibt keine konkreten Adressen, nur eine Sammel-Telefonnummer.

Ich ärgere mich, wenn ich höre, wie viel Angst manche meiner Konkurrenten ihren Kunden machen. Da ist die

Rede von gefährlichem Leichengift, hochinfektiöser Kontamination, man möchte glauben, es habe einen atomaren Unfall gegeben – dabei ist ein alter Mann einem Herzinfarkt erlegen, und er wurde innerhalb von zwölf Stunden von einem Boten für *Essen auf Rädern* gefunden. Ich habe Kenntnis von Angeboten, in denen bei solchen Fällen von einer Komplettrenovierung der Wohnung ausgegangen wurde. Laminat raus, Wände neu streichen, desinfizieren. Wegen Leichengift und Kontamination eben. Und wenn sich die Angehörigen selbst einen Eindruck verschaffen wollen, wird noch mehr die Angst geschürt: »Sie können da unmöglich ohne Schutzkleidung rein. Sie brauchen eine spezielle Ausrüstung dafür, vor allem eine Atemschutzmaske, sonst infizieren Sie sich, und das kann böse enden.« Die Frau, die mir von diesen Methoden erzählte, entzog dem Unternehmen den Auftrag und erteilte ihn mir. Nicht, weil sie sparen wollte, sondern weil sie sich erpresst fühlte. Alles, was ich in der Wohnung zu tun hatte, war ein Stück Teppich herauszuschneiden. Es gab keinen Ungezieferbefall, und es roch nicht mal unangenehm. Mein Job war in zehn Minuten erledigt.

Ein anderer Fall ist mir zu Ohren gekommen, in dem eine Firma behauptete, eine Woche lang mit drei Mitarbeitern desinfizieren zu müssen – eine Zweizimmerwohnung!
Das Schlimme ist, dass die Auftraggeber in einer geschwächten Position sind. Da ist die Oma, deren Enkel tot aufgefunden wurde. Da ist die Frau, deren Mann sich erschossen hat. Die glauben, was man ihnen erzählt. Die sind froh, wenn sie endlich jemanden gefunden haben, der für ihr Problem zuständig ist. Die kommen nicht auf die Idee, dass man sie betrügt und abzockt.

Wütend macht es mich auch, wenn Leute glauben, als Tatortreinigerin würde man sich eine goldene Nase verdienen. Es ist ein harter Job, und viel Handwerk und Know-how sind erforderlich. Der Verdienst ist angemessen und in Deutschland weit entfernt von Stundensätzen zwischen 800 und 1000 Dollar, wie sie in Amerika üblich sind.

Einen Kostenvoranschlag würde ich niemals beim ersten Telefonat erstellen. Wie auch, ohne Kenntnis der Umstände. Ich fahre zu jedem Einsatzort und verschaffe mir einen Eindruck, bevor ich kalkulieren kann. Ich habe von Firmen gehört, die am Telefon und ohne die Wohnung besichtigt zu haben entscheiden, dass sämtliche Fenster ausgetauscht werden müssen, weil die Leichengerüche sich in die Holzrahmen fressen würden – innen und außen! Das ist einfach unseriös.

Einmal habe ich einen Artikel über einen »Kollegen« gelesen und mich wieder sehr geärgert. In dem Text stand, er lasse, wenn ein Mensch in der Badewanne stirbt, das Wasser einfach durch den Abfluss rauschen.
Nicht zu fassen, schließlich gibt es Hygienerichtlinien! So etwas gehört bei einer solchen Menge sonderentsorgt. Auch wenn es die liebe Oma mit 92 war. 120 Liter Wasser und sterbliche Überreste durch die Rohre. Man muss sich mal vorstellen, was da alles hängenbleibt!
Doch damit noch nicht genug. Weiter unten im Artikel stand, der Kollege schwöre auf Reinigungsmittel vom Supermarkt.
Na prima. In einer halben Stunde hat er das Badezimmer fertig »desinfiziert«. Und der Geruch wird mit einem Blumenfrischeduftspray übersprüht. Keine Frage, dass solcher Dilettantismus Nachahmer auf den Plan ruft.

Staatlich geprüfte Desinfektorin

Ich wundere mich über Bilder im Internet, wo Tatortreiniger mit Sprühflaschen Räume desinfizieren. Es ist in Deutschland nicht erlaubt, Desinfektionsmittel über ein Sprühsystem großflächig zu verteilen. Dabei besteht Explosionsgefahr, denn die Gase verteilen sich in feinem Nebel in der Luft. Schon bei der Betätigung des Lichtschalters kann alles in die Luft fliegen.

Es hat schon einen guten Grund, warum die Prüfung zum staatlich anerkannten Desinfektor alle drei Jahre wiederholt werden muss. Und es gibt klare Richtlinien, wann Wohnungen desinfiziert werden müssen. Zum Beispiel, wenn in ihnen ein Drogenkonsument verstorben ist. Hier ist wegen des hohen Risikos der Infektionsgefahr mit HIV oder Hepatitis eine Desinfektion der Räume angezeigt, wofür es spezielle Desinfektionsmittel gibt. Die verschiedenen Chemikalien werden in besonderen Verfahren eingebracht oder aufgetragen.

Ich führe den nicht gerade charmant klingenden Titel »staatlich anerkannte Desinfektorin«. Dafür besuchte ich mehrere Wochen lang Lehrgänge, und alle drei Jahre bin ich aufgefordert, einen Nachweis zu erbringen, dass ich noch immer für diese Tätigkeit geeignet bin. Hin und wieder desinfiziere ich Räume, in denen sich viruskranke Menschen aufgehalten haben, zum Beispiel Patienten mit Vogelgrippe, Schweinegrippe oder Ähnlichem. Solche Einsätze sind eine willkommene Abwechslung für mich, denn es hat zuvor keine Leiche gegeben. Und das tut schon mal gut. Der Arbeitsaufwand kann dennoch sehr hoch sein.

Die wenigsten Menschen wissen, dass es Richtlinien für die Desinfektion gibt.

Also lieber genau nachfragen und sich an Fachpersonal wenden, damit eine Desinfektion wirklich gründlich durchgeführt wird. Man macht das ja nicht zum Spaß, sondern hat ein Ziel: das Gesundheitsrisiko einzudämmen.

Im Großen und Ganzen wundere ich mich, woher die mittlerweile zahlreichen Fachbetriebe für Tatortreinigung kommen. Tatortreinigung ist kein Fachberuf. Streng genommen ist es gar kein Beruf – was sich hoffentlich in Zukunft ändern wird, wenn es auch hier eine staatliche Anerkennung gibt.

KLICK

Kaum waren wir in unserer neuen Wohnung, brach für Angèlique und mich eine sehr glückliche Phase an. Was nicht zuletzt daran lag, dass ich noch immer voller Vorsätze steckte. Nun würde ich mir mein eigenes Leben aufbauen.

Im Internet klickte ich mich durch diverse Freundschaftsbörsen, um in Krefeld Anschluss zu finden. Zwar hatte ich einige Kontakte durch Franz, doch ich wollte seine Bekannten nicht in die Bredouille bringen, sich entscheiden zu müssen zwischen ihm und mir. Ich wollte für mich allein ganz von vorne anfangen und mir meinen eigenen Freundeskreis aufbauen.

Entgegen vieler skeptischer Meinungen lernte ich einige sehr nette Leute übers Internet kennen. Das mag auch daran liegen, dass ich nicht nach einer Beziehung suchte, sondern nach einem Freundeskreis. Doch eines Tages erhielt ich einen ungewöhnlich langen Brief von einem Mann, und sein Foto gefiel mir auch, obwohl es mich auf den ersten Blick nicht vom Hocker riss. Netter Typ jedenfalls. Und was er schrieb, zum Beispiel über die weltbeste Eisdiele in Lüdinghausen, das brachte mich zum Schmunzeln. Zwei Wochen lang wechselten wir Mails, ehe wir uns verabredeten. Das Treffen musste ich dann kurzfristig verschieben, weil sich in Dortmund ein älterer Mann im Keller seines Hauses erschossen hatte.

Solche Fälle erlebe ich gelegentlich, dass sich jemand Gedanken über die Auffindesituation seiner sterblichen Überreste macht und sich beispielsweise in einem öffentlichen

Gebäude erschießt – um das eigene Nest nicht zu beschmutzen oder die Angehörigen zu schonen. In den meisten Fällen denken Selbstmörder jedoch leider nicht darüber nach, was sie den anderen durch ihre Tat antun. Man denke beispielsweise an Lokführer, die extreme psychische Probleme bekommen können, wenn sich jemand vor ihren Zug wirft.

Der Mann, um dessen Keller ich mich jetzt kümmerte, war schon länger krank gewesen und hatte schon öfter gegenüber seiner Familie geäußert: »Wenn ich noch mehr Schmerzen erleiden muss, nehme ich mir das Leben.« Natürlich hatten seine Angehörigen versucht, ihm das auszureden. Doch er hatte stoisch wiederholt, dass er seiner Familie niemals zur Last fallen wolle.
»Das wäre er doch nicht!«, versicherte mir seine Frau, die mir im Beisein ihres Schwagers die Tür zu dem gepflegten Einfamilienhaus öffnete. Beide hatten ganz verweinte Augen.
Als ich den Keller betrat, fiel mein Blick als Erstes auf eine Brille und ein Gebiss in einer Blutlache.
»War da schon jemand im Keller?«, fragte ich und war erleichtert, als der Schwager den Kopf schüttelte.
»Wir sollten besser nicht reingehen, hat die Polizei gesagt.«
»Wer hat den Toten denn gefunden?«
»Ich. Aber ich habe nichts gesehen. Ich war mit meiner Schwägerin im Garten, wir wollten die Bäume beschneiden, da haben wir den Schuss gehört. Ich bin dann gleich in den Keller gerannt und habe ihn gefunden, aber jetzt erinnere ich mich an nichts mehr. Ich weiß nur noch, dass ich sicher war, dass es zu spät war, dass er bereits tot ist. Alles andere ist weg, und ich bin froh, dass Sie jetzt da sind.«

»Ich werde den Raum wiederherstellen, damit nichts an das Unglück erinnert«, versprach ich und hoffte für den Mann, er möge sich niemals wieder an den Anblick erinnern müssen, dessen Spuren ich mich im Folgenden intensiv widmete.

Sicher, es war rücksichtsvoll von dem Verstorbenen, dass er sich im Keller erschossen hatte und nicht im Wohnzimmer. Doch nach so vielen Schusswaffenfällen fragte ich mich wieder einmal, woher all die Menschen ihre Waffen hatten. Ich dachte, wir haben Gesetze, die Waffenbesitz bei Privatleuten verhindern. Ein Polizist sagte einmal zu mir, jeder, der eine Waffe wolle, würde sie sich innerhalb weniger Stunden besorgen können.
»Und wo?«, fragte ich neugierig. Darauf erhielt ich keine Antwort, aber das würde mich schon mal interessieren. Geht man da in irgendeine Kneipe am Bahnhof und fragt einfach mal so rum?

Die Familie des Mannes war sehr betroffen und traurig, aber nicht überrascht von der Tat, da sie angekündigt war. Die Frau und die Kinder erzählten mir von dem Verstorbenen, er sei ausnehmend lieb und rücksichtsvoll gewesen. Ja, das hatte er auch ein bisschen gezeigt mit der Wahl des Ortes für den Suizid. Allerdings hatte ich sehr viel Arbeit, ehe die Familie den Keller wieder betreten konnte. Der Mann war sehr gründlich gewesen, es war deutlich, dass er keinen Fehler machen wollte: Er hatte Flüssigkeit im Mund, als er sich in den Kopf schoss, was seinen Schädel förmlich wegsprengte.

Das Rendezvous

Andreas wusste schon, bevor ich unser erstes Treffen wegen des Suizids im Keller absagte, was ich beruflich mache. Meine Homepage fand er interessant, und er zeigte sich verständnisvoll, als ich unseren Kennenlerntermin verschob.

Und dann wurde es ernst. Ich hatte ein Rendezvous! Das erste seit vielen Jahren. Ich war total aufgeregt. Ich hatte ein Date! Ich! Mittlerweile glich mein Leben dem einer Nonne. Fremdgehen kam für mich nie in Frage, und ich hatte mich in all den Jahren mit Franz zusammengehörig gefühlt, auch wenn wir eigentlich kein Paar mehr waren. Treue ist mir sehr wichtig, obwohl oder gerade weil ich selbst häufig betrogen wurde. Ich habe mich gelegentlich gefragt, warum mir das mehrere Male passieren musste, und keine Antwort darauf gefunden, denn im Großen und Ganzen halte ich mich für recht pflegeleicht. Ich bin kein komplizierter Mensch, offen und neugierig.

So stand ich nun vor meinem Kleiderschrank und war ratlos. Ich hatte Herzklopfen und kicherte albern, weil ich diese Situation schon seit Ewigkeiten nicht mehr erlebt hatte. *Was soll ich anziehen?* Allein, dass ich mir diese Frage stellte! Ich rief eine meiner neuen Bekannten an.

»Wohin geht ihr denn?«, fragte sie mich.

»Keine Ahnung, er führt mich aus.«

»Dann frag ihn doch am besten, damit du nicht overdressed bist.«

»Gute Idee«, stimmte ich zu und smste Andreas an: »Was hast du an?«

Ich machte mir keine Gedanken über diese Formulierung, doch die machte sich Andreas sehr wohl. Später gestand er mir, dass er ein klein wenig schockiert gewesen sei, wie direkt ich plötzlich war. Natürlich hatten wir schon mehrere SMS ausgetauscht, aber dabei war ich doch immer recht formal und freundlich geblieben, mit vielen oder lieben oder schönen Grüßen. Aber da stand ich auch nicht so unter Strom wie jetzt. Eine Frau vor dem Kleiderschrank befindet sich in einer unberechenbaren Ausnahmesituation, besonders, wenn sie seit mehr als acht Jahren kein Date mehr hatte!

Ich entschied mich für eine Jeans mit schwarzem Blazer, helle Bluse, schwarze Pumps, ganz klassisch. Andreas fuhr pünktlich vor und stieg aus seinem Auto.
»Wow«, dachte ich.
Der sah ja viel besser aus als auf dem Foto. Er trug Jeans, ein weißes Hemd, einen dunklen Blazer. Das passte ja prima! Das Hemd stand oben offen, und ich erspähte eine behaarte Brust. Nicht schlecht, dachte ich mir.

Der Abend wurde wunderschön, nach dem Essen im Restaurant ließen wir ihn in einer Cocktailbar ausklingen. Als wir uns voneinander verabschiedeten, fragte Andreas mich, ob ich am nächsten Tag, einem Sonntag, Lust hätte, mit ihm zum Truck-Grand-Prix an den Nürburgring zu fahren.
»Wohin?«
»Zum Truck-Grand-Prix, den gibt es schon seit zwanzig Jahren auf dem Nürburgring. Seitdem bin ich ein Fan davon. Schon beim allerersten Rennen waren meine Geschwister und ich, damals noch als Kinder, mit von der Partie. Die Rennen sind extrem spannend, weil sich die riesigen Trucks auf der schmalen Fahrbahn tolle Überhol-

manöver liefern. Abends gibt es noch gemütliches Beisammensein am Lagerfeuer.« Er strahlte mich an.
Das musste ja ein Event sein. Kein Wunder, dass Andreas so begeistert war, denn er hatte die Spedition seiner Eltern übernommen, hatte also von klein auf ein Faible für Trucks. Natürlich sagte ich zu, so was konnte ich mir unmöglich entgehen lassen.
Dann überlegte ich kurz. So ein Rennen würde bestimmt auch Angèlique Spaß machen. Und warum sollten sich die beiden nicht gleich kennenlernen? Ich warf also alle meine Grundsätze über Bord. »Kann ich meine Tochter mitnehmen?«, fragte ich.
»Ja klar.«
Seitdem fahren wir jedes Jahr zum Truck-Grand-Prix, und auch wenn das erste Mal etwas ganz Besonderes war, ist es doch bis heute ein Highlight für uns, schließlich erinnert es uns an den Beginn unserer Liebe.

Der Sonntag hätte nicht schöner werden können. Das Wetter strahlte mit uns um die Wette, als wir unsere Plätze auf der Tribüne einnahmen. Ich war ein wenig müde, schließlich war ich am gestrigen Abend auch schon unterwegs gewesen, und so legte ich mich halb auf Andreas' Schoß. Er streichelte mein Ohr. So etwas war ich gar nicht mehr gewöhnt. Wenn ich eine Katze gewesen wäre: Ich hätte geschnurrt.
Der ganze Tag, vom Aufwachen bis zum Schlafengehen, war traumhaft, er hätte nie zu Ende gehen dürfen, und als er zu Ende ging, war er nur der Beginn einer Reihe weiterer schöner Tage. Wir spürten beide, dass wir zusammengehörten. Und das sind wir geblieben, bis heute.
Wir sind ein sehr enges Paar, und trotzdem wollen wir nicht jede Minute aneinanderkleben. Jeder von uns führt sein Le-

ben. Andreas ist beruflich sehr engagiert und hat vollstes Verständnis dafür, wenn es bei mir mal stressig ist. Natürlich achten wir darauf, genug Zeit füreinander einzuplanen, trotzdem legen wir beide sehr viel Wert auf unsere Freiheit. Andreas nimmt sich, wenn möglich, einmal im Jahr eine längere Auszeit und segelt mit Freunden durch die Welt. Eine wunderbare Gelegenheit, die Sehnsucht wachsen zu lassen! Ende 2008 nahm er an einer Atlantikregatta teil. In dieser Zeit hatte ich so viele Aufträge, dass ich ihn nur selten vermisste. So geht es mir meistens, wenn ich arbeite: Dann bin ich voll konzentriert, und ich gebe mein Bestes.

Damals arbeitete ich mit einem patenten Praktikanten. Bülent packte an, er ekelte sich vor nichts und war absolut zuverlässig, obwohl wir gleich bei seinem ersten Einsatz einen massiven Leichenbrand vorfanden. Manche Körper hinterlassen schwarze Spuren auf dem Boden, was man Leichenbrand nennt. Gelegentlich können Verwesungsspuren auch elfenbeinfarben sein, das sieht nicht ganz so schlimm aus.
Jedenfalls ließ sich mein Praktikant von nichts ins Bockshorn jagen. Doch er hatte eine andere Schwäche. Er dachte zu viel über die Dinge nach, die er in den Wohnungen entdeckte. Interessiert schaute er sich Fotos an, die an den Wänden hingen, er studierte persönliche Gegenstände und überlegte sich, wie der verstorbene Mensch wohl gewesen war. Er war permanent am Geschichtenausdenken. Das irritierte mich zunächst ein wenig, denn ich brauchte keinen Schriftsteller, sondern einen belastbaren Mitarbeiter. Zum Glück steckte Bülent das alles prima weg, obwohl seine Herangehensweise an den Job so anders war als meine. Umso bedauerlicher für mich, dass der Einserabiturient später studierte und sein Glück woanders suchte.

Der Straßenbahnfahrer und sein Jägermeister

Hin und wieder werde ich zu einem Tatort gerufen, der noch keiner ist, der aber einer werden könnte. In so einem Fall beauftragt mich meist das Gesundheitsamt, die Zustände in einer bestimmten Wohnung zu überprüfen, weil beispielsweise andere Mieter sich über Gerüche oder Ungezieferbefall beschwert haben. Manchmal lerne ich dabei diejenigen kennen, deren Spuren ich für gewöhnlich beseitige. Häufig handelt es sich um alkoholkranke Menschen, die nicht mehr mit ihrem Leben zurechtkommen und sich selbst und ihre Wohnung verwahrlosen lassen.

Wenn ich zu so einem Fall gerufen werde, ist das für den Betreffenden meistens peinlich. Ich erinnere mich gut an einen Mann, der früher als Straßenbahnfahrer arbeitete. Eines Tages hatte er ein Schulkind überfahren, das noch schnell über die Gleise laufen wollte. Den Mann traf keine Schuld, doch er zerbrach an dem Unglück. Seine Frau verließ ihn, er verlor seine Arbeit, und nur im Alkohol fand er Trost.

Er trank vor allem Jägermeister, wie ich auf den ersten Blick bemerkte, denn in der kleinen Zweizimmerwohnung sammelten sich hunderte von leeren Flaschen. Das ist ganz typisch. Die Betroffenen entsorgen die Flaschen nicht, weil sie Angst davor haben, jemand könnte ihre Sucht mitbekommen. Wenn sie aus dem Haus gehen, dann nur, um sich Nachschub zu besorgen. Auch hier werden die verschiedensten Verschleierungstaktiken angewendet, der Alkohol wird immer in blickdichten Taschen oder Tüten verstaut, und es wird stets in unterschiedlichen Geschäften eingekauft.

Fast noch schlimmer als die ganzen Schnapsflaschen war die Küche. Der Mann konnte sich keine warme Nahrung

mehr zubereiten, denn alles war von Schimmel überzogen und die Kochplatten dermaßen verdreckt, dass ein Einschalten wahrscheinlich zu einem Brand geführt hätte.
Die Toilette war ebenfalls nicht mehr benutzbar, die Wasserspülung defekt und das Badezimmer mit Fäkalien besudelt. Kein Wunder, dass sich andere Mieter über den Gestank beschwert hatten. Herr Mendl wusste vor lauter Peinlichkeit nicht, wohin mit sich, während ich mich an die Arbeit machte – zu Beginn mit Atemschutzmaske.
Nach und nach gewöhnte er sich an meine Gegenwart und bot mir auch mal einen Schluck aus seiner Jägermeisterflasche an, den ich dankend ablehnte. Am zweiten Tag zog er ein Glas hervor, das er offensichtlich saubergerieben hatte. Ich lehnte wieder ab. Der Mann tat mir leid, und ich wollte mein Bestes geben, ihn zu einem angenehmeren Leben zu motivieren. Am Abend des zweiten Tages, ich hatte viele Stunden an der Wohnung gearbeitet, war alles picobello sauber. Zum Abschluss stellte ich eine Duftkerze auf den kleinen Wohnzimmertisch und wünschte Herrn Mendl alles Gute für seine Zukunft. »Vielleicht schaffen Sie es jetzt, selbst für Ordnung zu sorgen. Ist ja gar nicht so schwer, wenn man dranbleibt.«
»Ja, ja, danke!«, nickte er, nahm meine Hand und beugte sich mit dem Gesicht darüber.
Ich zog sie nicht weg. Kurz bevor seine Lippen meine Haut berührt hätten, stoppte Herr Mendl höflich.
Von der Sachbearbeiterin im Gesundheitsamt hatte ich erfahren, dass er ab der nächsten Woche zur Entziehung in eine Klinik sollte. Ich wünschte ihm inständig, er möge den Alkoholentzug schaffen, und bat ihn eindringlich, stark zu bleiben und an sich zu glauben. »Wir haben von Ihrer Nachbarin gehört, dass sie Ihnen hin und wieder helfen

würde, wenn Sie mal nicht wissen, wo Sie anfangen sollen. Hilfe ist für Sie da, Herr Mendl, vergessen Sie das nicht. Das Leben ist noch lange nicht vorbei für Sie. Auch wenn es manchmal schwer wird. Sie können das, bestimmt!«
Einige Monate später bekam ich leider erneut den Auftrag, mich um Herrn Mendls Wohnung zu kümmern. Schade!

Manchmal werde ich auch auf Polizeidienststellen gerufen, wenn ein Kandidat, der ausnüchtern sollte, in der Arrestzelle randaliert hat. Wegen der Ansteckungsgefahr – Tuberkulose, Hepatitis, HIV – will man dem normalen Reinigungspersonal diese eventuell gefährliche Aufgabe nicht zumuten.

Der goldene Schuss
Der zweite Drogentote in meiner Tätigkeit als Tatortreinigerin war in Mönchengladbach verstorben. Als ich die Tür aufschloss, fiel mein Blick auf einen Sack Hundefutter. Mir wurde flau zumute. Bitte kein totes Tier, dachte ich für mich. Bitte kein verhungerter Hund, Haut und Knochen. So was verkrafte ich ganz schlecht. Zum Glück war ich noch nie damit konfrontiert. Es gibt öfter Katzen in Wohnungen, doch die sind meistens weg, wenn ich komme, irgendjemand hat sich ihrer angenommen, und bis jetzt haben alle Tiere, von denen ich Kenntnis erhielt, überlebt.
Einmal hat sich ein Jäger in seiner Jagdhütte erschossen. Vier Tage und Nächte verharrte sein treuer Hund neben ihm. Auch ein Tier hat eine Seele – der Hund war nach dem Suizid seines Herrchens so verstört, dass er an keinen neuen Platz vermittelt werden konnte. Um ihn aus der Jagdhütte zu entfernen, musste man einen Polizeihundeführer

anfordern, da der Hund sich, obwohl er halb verdurstet war, weigerte, den Ort zu verlassen. Manche Tiere, die mit toten Menschen in einer Wohnung eingesperrt sind, knabbern die auch mal an.

Später stellte sich heraus, dass der Drogentote in Mönchengladbach keinen eigenen Hund besessen hatte, sondern manchmal den seiner Nachbarin in Pflege genommen hatte, deshalb das Hundefutter. Ich fragte mich, warum die Nachbarin nichts von dem tragischen Schicksal mitbekommen hatte. Der Mann lag so lange in der luftdicht abgeschlossenen Wohnung, dass ich auf dem Teppich Hautfetzen fand und seinen Skalp. Nach einer Weile Liegen fällt das alles ab. Ich konnte genau erkennen, wo der Mann gelegen hatte, denn die Abdrücke hatten sich in den Boden gezeichnet. Anhand der Verwesungsrückstände konnte ich nachvollziehen, wie der Körper positioniert war. In ähnlichen Fällen erkenne ich manchmal einen Fuß, ein Bein – wie gezeichnet in den Boden oder auf den Teppich. Der Fuß oder das Bein ist natürlich nicht in Wirklichkeit da, aber sein Abdruck, in erschreckender Deutlichkeit.
Dieser junge Mann, ich wusste, dass er gerade mal vierundzwanzig Jahre alt geworden war, hatte sich den goldenen Schuss wohl auf dem Sofa gesetzt und war dann auf den Boden gefallen oder gekippt und dort liegen geblieben, und niemand hatte ihn vermisst. Vielleicht war er auch zuerst auf den Couchtisch gefallen, und sein Körper war erst nach und nach im Lauf der Verwesung vom Sofa gerutscht. Die Verwesung war extrem fortgeschritten, das konnte ich sehen, weil der Körper schon komplett in Auflösung begriffen war. Das ist eine Substanz wie flüssiger Teer. Zum Schluss bleibt von uns allen nur noch schwarze Masse übrig.

DIE GESCHICHTEN IN
DEN HINTERLASSENSCHAFTEN

Jede Wohnung erzählt eine Geschichte, auch wenn es manchmal sehr wenig Stoff gibt. Gerahmte Fotografien finde ich selten. Hin und wieder stoße ich auf Fotoalben, teilweise suche ich auch richtig danach. Ich frage die Angehörigen immer, bevor ich mit der Arbeit beginne, ob es etwas Bestimmtes gibt, worauf sie Wert legen, wie zum Beispiel Fotos. Obwohl die Wohnungen, die ich zu Gesicht bekomme, viele Parallelen zeigen, ist jede für sich genommen doch ein Einzelstück. Jedes Leben ist, war anders – und so kann mein Beruf gar nicht langweilig werden.
Alles ist immer wieder neu und anders, nur die Hauptrolle wird nicht umbesetzt: der Tod.

Das Poesiealbum

Ich kannte die Todesursache des Mannes nicht, dessen Wohnung in Krefeld ich säuberte und ausräumte. Der Wohnungseigentümer hatte mich beauftragt und von vornherein zugesichert, die Kosten zu übernehmen, auch wenn es irgendwo Erben geben sollte, er wollte die Wohnung schnell wieder vermieten und die Sache damit zu den Akten legen.
Es gab wenig Tatortspuren zu beseitigen, aber viel Papier. Ein Nachbar erzählte mir, der Mann habe allein in der Wohnung gelebt, nachdem seine Frau vor einigen Jahren ins Frauenhaus geflüchtet sei. Man habe oft Streit gehört und mindestens einmal im Monat sei die Polizei gekom-

men. Eine Nachbarin erzählte mir, dass sich der Mann überhaupt nicht um seine Tochter gekümmert habe, die Frau habe ihr leidgetan, so eine Nette, die hätte etwas Besseres verdient.
Was ich in der Wohnung fand, erzählte eine andere Geschichte. An den Wänden: Kinderzeichnungen. Auf den Regalen: Kinderfotos. Immer dasselbe Gesicht. Ein blondes Mädchen im Alter von drei bis zirka zwölf. Neben dem Bett des Mannes fand ich einen ganzen Karton voller Erinnerungen an die Tochter. Kritzeleien, Zeichnungen, Briefe an den lieben Papa, ein Poesiealbum und Fotos. Eine blonde Locke, ein in einem Kästchen aufbewahrter Milchzahn, Zettelchen: *Lipa Papa, heute kohmt der Nikolauhs.*
Ich stellte den Karton in die Ecke mit den Dingen, die ich der Ex-Ehefrau zeigen wollte. Ich hoffte, sie würde sie aufbewahren. Auch wenn ihr Ex-Mann keine gute Beziehung zu seiner Tochter gehabt hatte – vielleicht wäre es irgendwann einmal ein Trost für die Tocher, zu wissen, dass ihr Vater all dies gesammelt hatte. Vielleicht könnte es ihr dabei helfen, die Spuren ihres Vaters zu finden, falls sie darauf Wert legte.

Die geschiedene Frau war eine dicke Kroatin mit einem breiten, gutmütigen Gesicht. Sie arbeitete als Altenpflegerin und erzählte mir in gebrochenem Deutsch, dass sie seit zwei Jahren mit einem – sie deutete auf ihren Bauch und zuckte entschuldigend mit den Schultern – »Koch« zusammenlebe. Ihre Tochter war mittlerweile dreizehn Jahre alt und sehr traurig über den Tod des Vaters, den sie nur alle paar Wochen getroffen hatte, da er manisch-depressiv gewesen war.
Obwohl die Frau bestimmt Schreckliches durchlitten hat-

te, wenn sie Zuflucht im Frauenhaus suchen musste, schien sie ihrem ersten Mann verziehen zu haben und bedankte sich sehr für den Karton mit den Erinnerungen. »Jetzt ich geben nicht. Zu weh. Aber irgendwann später. Wenn verheilt. Dann schöne Überraschung. Danke!«
»Gern geschehen.«

Eine unglückliche Liebe

In einer Wohnung in Duisburg fand ich stapelweise Fotos einer sehr attraktiven, gepflegten Frau. Sie sah aus, wie ich mir eine erfolgreiche Architektin vorstellte. Dunkles, kurz geschnittenes, dichtes Haar, sportliche rote Brille, klare, ebenmäßige Gesichtszüge. Diese schöne Frau hatte den an einem goldenen Schuss Verstorbenen offensichtlich geliebt. In Briefen, manche davon überflog ich, beschwor sie ihn, eine Therapie zu machen, ein neues Leben zu beginnen
Eigentlich passiert es mir selten, dass ich mich so tief auf ein fremdes Leben einlasse wie an diesem Nachmittag in der Wohnung in Duisburg. Aber hier erwischte es mich doch, ich war gerührt. Jedem der Briefe, die der Mann in einem Karton in Herzform aufbewahrt hatte, war ein Foto der Frau beigelegt. Viele der Briefe waren in Frankreich aufgegeben worden, wo sie beruflich zu tun gehabt hatte.
Schon beim Überfliegen offenbarte sich das Drama. Seine Versuche, clean zu werden, seine Rückfälle, ihre Beschwörungen, die Verzweiflung. Und dann das Ende. In dem Brief mit dem jüngsten Datum las ich sinngemäß: *Ich habe so viele Jahre damit verbracht, dir Kraft zu geben, damit du den Ausstieg schaffst. Jetzt kann ich nicht mehr. Ich*

möchte, dass du weißt: Ich werde dich immer lieben. Doch ich glaube nicht mehr an unsere gemeinsame Zukunft. Und deshalb ist dies ein Abschied. Obwohl ich dich liebe. Oder vielleicht weil ich dich liebe.
Zwei Wochen später war der Mann tot.

In den Unterlagen fand ich Dokumente, die besagten, dass er sehr wohl versucht hatte, von den Drogen loszukommen. Er war auch einmal im Gefängnis gewesen, wie so viele, die in die Beschaffungskriminalität abgleiten.
Es kommt oft vor, dass Drogenabhängige, die auf die Ersatzdroge Methadon umgestellt wurden, nach einem Gefängnisaufenthalt erneut Heroin nehmen – und das ist zu viel für den Körper. Ich werde gelegentlich zu solchen Fällen gerufen, wo ein Drogenabhängiger sich in der Dosierung dramatisch getäuscht hat. Viele steigen einfach mit der Menge Heroin, die sie vor der Haftstrafe zuletzt konsumiert hatten, wieder ein, was natürlich viel zu viel ist.

Früher dachte ich, man sieht einem Menschen seinen Drogenkonsum an. Heute weiß ich, dass es sehr viele Süchtige gibt, bei denen man nicht im Entferntesten an Drogen wie Heroin denkt. Viele arbeiten in verantwortungsvollen Berufen und sind finanziell abgesichert. Ich habe im Lauf der Jahre auch attraktive Abhängige gesehen, die keinesfalls krank wirkten, sondern manchmal durchaus vital. Doch das ist alles eine Frage der Zeit. Wie lang hält der Körper durch?

Ein Fall aus dem Drogenmilieu ging mir besonders nah. Die junge Frau stammte aus gutbürgerlichen Familienverhältnissen, wie es so schön heißt. Sie besuchte das Gymna-

sium, spielte Geige und Volleyball. Dann verliebte sie sich in einen Drogenabhängigen und geriet auf die schiefe Bahn. Nachdem sich ihr Freund versehentlich den goldenen Schuss gesetzt hatte – sie war dabei und versuchte erfolglos, ihn wiederzubeleben –, konsumierte sie immer mehr und härtere Drogen, als wollte sie ihm so schnell wie möglich folgen. Jahrelang bemühte sich ihre Familie vergeblich, die verlorene Tochter zu retten, was viel Leid über alle Familienmitglieder brachte. Denn es drehte sich alles immer nur um Melanie. Dass es noch zwei Kinder gab, die sich prima entwickelten, geriet dabei ins Vergessen, worunter die beiden wiederum sehr litten.
Melanie starb mit 23.
»Bitte suchen Sie nach ihren Tagebüchern«, bat mich ihre Mutter. »Als sie noch zu Hause wohnte, hat sie Tagebuch geschrieben, ich würde diese Aufzeichnungen so gerne lesen. Ich hoffe, sie hat weitergeschrieben, ich würde so gerne noch etwas von meiner Tochter wissen.«
Ich fand sieben Tagebücher und las auch kurz rein. Doch nur sehr kurz, ich fand es zu belastend für mich, tieferen Kontakt zu diesem unglücklichen Leben zu knüpfen, obwohl es mich brennend interessiert hätte, was im Kopf eines solchen Menschen vorgeht, wie sich ein Mensch verändert, der in den Strudel der Drogensucht gerät.
Wie erschreckend er sich optisch verändern kann, das zeigte mir Melanies Mutter anhand zweier Fotos. Auf dem einen Bild sah ich ein fröhliches hübsches Mädchen, dem die Welt offenstand, auf dem anderen ein abgemagertes Etwas, das sich für eine Handvoll Codeintabletten prostituierte.

Drogen zerstören Leben, das habe ich oft erlebt. Unvergesslich ist mir der Mann, der jahrzehntelang Cannabis

konsumierte und sich mit einer Armbrust erschoss, mitten ins Herz. Ein sehr blutiger Abgang, der seine Familie völlig verstörte. »Und Sie haben wirklich keinen Abschiedsbrief gefunden?«, fragte mich die Mutter mehrfach.
»Nein, tut mir leid.«
Für diese Familie wäre ein Abschiedsbrief enorm wichtig gewesen, denn sie machte sich schreckliche Vorwürfe. *Hätten wir nicht damals, als er in der Pubertät war und mit dem Giftzeug anfing, wegziehen sollen? Das waren die falschen Freunde. Hätten wir nicht ...*
Ein paar Zeilen, aus denen klar zu erkennen wäre, dass der Selbstmörder die Verantwortung für sein Leben und Sterben übernahm, dass er keinen anderen Ausweg gesehen hatte, dass es keinen Grund innerhalb der Familie für seinen Suizid gab – ich glaube, in diesem Ausnahmefall hätte das ein wenig Linderung verschaffen können, auch wenn es natürlich nichts wieder gut gemacht hätte.

Abschiedsbriefe

Abschiedsbriefe finde ich nur selten, da sie von der Polizei meist schon sichergestellt wurden. Im Prinzip glaube ich auch nicht, dass sie die Angehörigen trösten, so habe ich es zumindest erlebt. Denn was hilft es einer Mutter, wenn ihr Kind schreibt, dass es sich aus freien Stücken dazu entschlossen hat, sein Leben zu beenden? Die Mutter will ihr Kind zurück. Lebendig. Je nach Veranlagung eines Menschen gibt es immer Gründe, um sich selbst Fragen zu stellen oder Vorwürfe zu machen. Manche Leute geraten dabei regelrecht in einen Teufelskreis und kommen dann nicht mehr heraus.
Andererseits kann ein Abschiedsbrief auch Fragen beant-

worten. Ich erinnere mich an eine junge Frau, die sich mit Tabletten das Leben nahm. Sie schrieb sinngemäß: *Liebe Eltern, ich will ohne Ben* (so hieß ihr Freund, der sich von ihr getrennt hatte und nun mit ihrer ehemaligen besten Freundin zusammenwohnte) *nicht mehr leben. Danke für alles. Ich liebe euch, doch das reicht mir nicht zum Weiterleben.*

In meinem weiteren Bekanntenkreis hat sich vor zwei Jahren ein dreißigjähriger Mann erhängt. Seine Mutter weiß bis heute nicht, warum. Das macht sie schier verrückt. Dass von außen betrachtet alles völlig unproblematisch aussah. Und auf einmal erhält sie die Todesnachricht. Warum?
So etwas kann extrem quälen, denn es wirft natürlich nicht nur die Frage nach dem Warum auf, sondern auch: Wie gut kannte ich mein Kind überhaupt? Wo liegen meine Versäumnisse, wenn ich nicht weiß, was da Gravierendes vorgefallen sein mus? Warum weiß ich das nicht? Eine solche Ungewissheit kann Familien zermürben, denn auch sie führt in einen Teufelskreis, aus dem es manchmal kein Entrinnen zu geben scheint, besonders nachts, wenn der Schlaf ausbleibt und die Gedanken Karussell fahren.

Ich selbst halte mich im Gespräch mit Familienangehörigen mit Deutungen zurück. Es steht mir nicht zu, über Menschen, die ich überhaupt nicht kannte, zu urteilen. Doch in einigen Fällen liegt zumindest eines für mich klar auf der Hand: Dass derjenige, der freiwillig aus dem Leben schied, den Tod für seine Befreiung hielt. Er befreite sich von seinem Leben, das ihm unerträglich erschien. Hin und wieder wage ich das dann auch zu sagen: »Ihrem Sohn geht es jetzt gut.«

FERN, SCHNELL, GUT

Andreas und ich führten eine Mini-Fernbeziehung, wir wohnten 110 Kilometer auseinander, und weil er samstags für gewöhnlich arbeitete, verbrachten Angèlique und ich nun viele Wochenenden in Lüdinghausen.

Um einen Papa in Andreas zu suchen, war Angèlique mit ihren 14 Jahren zu alt, doch sie konnte Andreas von Anfang an gut leiden, und die beiden entwickelten ein kumpelhaftes Verhältnis zueinander, was mir sehr viel Freude machte. Da Angèlique sich damals schon recht selbstständig und verantwortungsbewusst zeigte und ich ihr absolut vertraue, ließ ich sie auch manchmal übers Wochenende allein in Krefeld, beziehungsweise bei einer Freundin. Für einen Teenager ist der Freundeskreis nun mal wichtiger als Mamas neuer Mann!

Andreas mischte sich nie in Angèliques Erziehung ein, und das fand ich absolut korrekt. Seine Familie nahm uns herzlich auf, vom ersten Augenblick an. Auf einmal war ich mittendrin in einem fürsorglichen Familienverband: Andreas' Geschwister Simone und Michael, dessen Frau Susanne mit den Töchtern Sarah und Lena und natürlich Andreas' Eltern Edeltraud und Clemens. Mit ihnen fühle ich mich pudelwohl, und niemand fand meinen Beruf komisch oder abstoßend, ganz im Gegenteil: Alle wollten ganz genau wissen, was ich da eigentlich mache.

Samstags trifft sich die Familie in der Spedition, die Clemens gegründet hat und die mittlerweile von Andreas und Michael geleitet wird. Sonntags stehen die Familie und vor allem die Kinder im Mittelpunkt. So war das schon immer, so wird das auch bleiben – und ich finde es prima.

Andreas war schon einmal verheiratet, und da seine damalige Frau ebenfalls ein Kind hatte, wusste er also bei mir schon, worauf er sich einließ. Wer uns zu dritt erlebte, konnte glauben, wir wären eine richtige Familie – Vater, Mutter, Tochter –, und das machte mich sehr glücklich.
Der einzige Wermutstropfen waren die 110 Kilometer, die uns trennten. Da konnte man nicht mal schnell spontan beschließen, sich zu besuchen. Meine Woche war wie zweigeteilt in die Zeit bei Andreas in Lüdinghausen und die in Krefeld, wobei ich oft am Wochenende arbeitete, doch ich versuchte, mir wenigstens den Sonntag freizuhalten. Dass Andreas nach Krefeld ziehen würde, war wegen der Spedition ausgeschlossen, und Angèlique wollte sich nicht von ihren Freunden trennen. So führten wir drei Jahre lang eine Fernbeziehung, die wir laut Andreas' Motto als Spediteur – fern, schnell, gut – meisterten.

Placebo

Allmählich steigerte sich der Bekanntheitsgrad meiner Firma. Immer mehr Anfragen erreichten mich, und ich konnte sie auch gut bewältigen, da ich meine Tätigkeit als selbstständige Forderungs- und Praxismanagerin mittlerweile aufgegeben hatte. Ich hätte zufrieden sein können. Meine Beziehung war so glücklich, wie ich es mir immer gewünscht hatte, mit Angèlique und der Firma lief es gut – doch das war mir nicht genug. Ich fühlte mich nicht richtig ausgelastet, wahrscheinlich war ich nur gut beschäftigt, statt am Anschlag, wie ich es gewohnt war.
Da kam das Angebot, bei der Synchronisation des Films *Sunshine Cleaning* mitzuarbeiten, gerade recht. Es machte mir Spaß, bei der Übersetzung beratend tätig zu sein bei

diesem Film, der von zwei amerikanischen Tatortreinigerinnen handelt.
Im Anschluss daran suchte ich mir eine neue Herausforderung und begann eine Ausbildung zur Pharmareferentin. Wie ich damals auf die Idee kam, kann ich heute nicht mehr nachvollziehen. Wahrscheinlich wollte ich mir zu der unsteten Auftragslage bei der Tatortreinigung ein zweites Standbein schaffen, das mich kontinuierlich ernährte und mir anders als das Praxismanagement regelmäßige Freizeit ermöglichte. Pharmareferentinnen arbeiten für gewöhnlich weder am Abend noch am Wochenende. Zudem hatte mich Medizin schon immer fasziniert. Sollte ich noch mal auf die Welt kommen, studiere ich bestimmt Medizin und arbeite danach in der Gerichtsmedizin!

Nach drei Monaten Crashkurs und einigen Wochen Praxiserfahrung als Pharmareferentin kehrte ich reumütig und sehr gern zu meinen Tatorten zurück, und zwar ausschließlich. Jetzt wusste ich endgültig und ein für alle Mal, dass ich die richtige Wahl getroffen hatte. Und ich glaube nicht, dass ich noch einen Versuch starten werde, meiner Berufung abtrünnig zu werden. Ich bin nun mal mit Leib und Seele Tatortreinigerin – und meinem ganzen Herzen!

Wo die Bombe eingeschlagen hat

Eine Redewendung besagt: Hier sieht es aus, als hätte eine Bombe eingeschlagen. Ungefähr so kann man sich eine Messie-Wohnung vorstellen. Natürlich stimmt der Vergleich nicht ganz, denn eine Bombe zerstört, zertrümmert, verwüstet. Ein Messie sammelt und hortet. Dennoch mag

man beim Betreten einer einschlägigen Behausung auf den ersten Blick an einen Bombenangriff denken.
Im Laufe der Jahre habe ich so viele Messie-Wohnungen gesehen, dass mich so schnell nichts mehr schockt. Doch diese Wohnung in einem Kölner Nobelviertel, zu der ich eines Tages gerufen wurde, war schon erstaunlich. Nicht nur für mich, auch für den Vermieter, der im wahrsten Sinne des Wortes aus allen Wolken fiel. Nie im Leben wäre er auf die Idee gekommen, es könnte Unregelmäßigkeiten geben: Die Miete war in den letzten zehn Jahren pünktlich bezahlt worden, obwohl seit mindestens fünf Jahren niemand mehr in der Wohnung lebte, wie ich am Datum alter Zeitungen ablesen konnte. Da ich später auch keine Centstücke, sondern nur Pfennige fand, bin ich der Meinung, diese Wohnung ist noch zu DM-Zeiten verlassen worden.
Hätte es nicht ein winziges Leck an einem Rohr unter der Badewanne gegeben und wäre kein Wasser in die darunterliegende Wohnung getropft – wahrscheinlich würde die Mieterin heute noch jeden Monat ihre Miete überweisen, ohne dort zu wohnen. Selbst wenn sie es gewollt hätte, die Räume waren schlicht so voll, dass sie nicht mehr bewohnbar waren.
Der Vermieter regte sich so über den Zustand seines Eigentums auf, dass er noch Stunden nach der Entdeckung, als er mich anrief, kaum sprechen konnte. Er hatte die Wohnungstür öffnen lassen, weil er seine Mieterin nicht erreicht hatte und die akute Gefahr eines Wasserschadens in der darunterliegenden Wohnung bestand.
Obwohl mich der Zustand der Wohnung wie gesagt kaum überraschte – so sind sie eben, die Messie-Behausungen –, hatte ich noch nie von einer fortlaufenden Mietzahlung

nach Auszug gehört. Ich rechnete mir aus, dass die Mieterin wahrscheinlich mehrere Wohnungen bezahlen musste, wenn das ihr System war. Eine Wohnung mieten, so lange drin bleiben, wie es gerade so geht, sie fluchtartig verlassen und an einem anderen Ort von vorne beginnen und so weiter.
Als ich den Namen der Mieterin schließlich erfuhr, hielt ich diese These für gleichermaßen wahrscheinlich und unwahrscheinlich; dahinter steckte eine stadtbekannte wohlhabende Adlige, die man häufig in der Klatschkolumne besichtigen konnte, eine sehr gepflegte, attraktive Erscheinung, stets teuer und gut gekleidet. Niemand würde ihre Erscheinung mit dieser Wohnung in Verbindung bringen. Faszinierend an ihrer Hinterlassenschaft fand ich vor allem die von leeren Zahnpastatuben und Klopapierrollen überquellende Badewanne.
Wie lange es wohl dauert, überlegte ich, wenn man sich zweimal am Tag die Zähne putzt, so viele Tuben zu verbrauchen? Wenn ich das ausrechnen könnte, wäre es ein Anhaltspunkt dafür, wie viele Jahre die Frau hier gewohnt hat. Doch dann fiel mir ein, dass nicht alle Menschen gleich oft Zähne putzen. Zudem hatte ich keine Ahnung, wie groß eine herkömmliche, mundgerechte Portion Zahnpasta war, und so widmete ich mich schlussendlich lieber meiner Arbeit denn der Wahrscheinlichkeitsrechnung.
Die Mieterin übrigens nahm von sich aus Kontakt zu mir auf, als der Wohnungseigentümer sie erreicht hatte. Am Telefon bat sie mich um Diskretion. »Selbstverständlich«, sicherte ich ihr dies zu. So packte ich den Müll tagsüber zusammen, um ihn dann im Schutz der Dunkelheit zu entsorgen. Wenn ich Helfer hinzuzog, achtete ich darauf, dass diese immer erst spät am Abend anfingen.

Die Dame bezahlte ihre Rechnung pünktlich. Wie ich herausfand, konnte sie sich das auch leisten. Unter einem Berg hochpreisiger originalverpackter Kosmetika und Schuhe fand ich einige notarielle Urkunden über den Besitz von Immobilien, deren Kordeln schon stark angestaubt waren. Ich packte die Urkunden in einen Umschlag und ließ sie per Kurier übergeben. Ich hätte sie auch persönlich überbracht, doch meine Kundin zog es vor, unsichtbar zu bleiben.

Obwohl sie sich selbst entschieden haben, so zu leben: Messies schämen sich oft. Denn irgendwann können sie eben nicht mehr selbst entscheiden. Sie stecken in ihrem eigenen Teufelskreis fest.
Manche unter dem Messie-Syndrom Leidende spezialisieren sich auf bestimmte Gegenstände. In dem Fall der wohlhabenden älteren Dame waren es Zahnpastatuben, in einer anderen Wohnung fand ich einmal tonnenweise Bücher. Die meisten eingeschweißt, viele doppelt und dreifach vorhanden. Der alte Mann, der hier gewohnt hatte, war im Wohnzimmer verstorben, es war sehr viel Leichenflüssigkeit ins Parkett eingesickert, und der Körper war in Auflösung begriffen. Obwohl er in guten Familienverhältnissen lebte, hatte es Wochen gedauert, ehe er gefunden wurde, seine Kinder wohnten mehr als 600 Kilometer entfernt.
»Ans Telefon ist er nur selten gegangen, es hat uns nicht besorgt, dass wir ihn eine Weile nicht erreichten. Meistens hat er angerufen, aber als er sich so lange nicht meldete, sind wir schon nervös geworden, haben erst bei der Nachbarin nachgefragt und sind dann zu ihm hochgefahren«, erzählte mir der Sohn.
Weder er noch seine Schwester hatten geahnt, dass ihr Va-

ter ein Messie war.« »Wenn wir ihn besuchen wollten, lehnte er das immer ab. Heute weiß ich, warum. Damals dachten wir, er geht eben lieber in die Stadt, weil er ein bisschen außerhalb wohnt, und dass er sich auch gern mal zum Essen einladen lässt, seine Rente ist ja nicht gerade üppig, und er war immer zu stolz, etwas von uns anzunehmen. Wenn wir ihn zu Hause besucht hätten, hätte er sich vielleicht genötigt gefühlt, für uns alle zu kochen. Bei meiner Schwester war das genauso, aber sie dachte, die Kinder wären ihm vielleicht zu laut«, der Sohn hob die Hände zum Himmel. »Wir haben nichts gemerkt, keiner von uns. Wenn mir jemand gesagt hätte, dass mein Vater am Messie-Syndrom leidet – ich hätte laut herausgelacht!«

Ich nickte. So ist das in vielen Fällen. Betroffene sind sehr erfindungsreich darin, ihre Lebensweise vor anderen Menschen zu verbergen. Es gibt übrigens unterschiedlichste Ausprägungen des Messie-Syndroms. Manche Leute glauben, Messies wären schmutzig. Das stimmt nicht. Ein Messie kann außerhalb seiner Wohnung als überaus gepflegte Erscheinung auftreten, während er in seiner Wohnung Müll ansammelt. Es gibt andere, die leiden an Kaufwahn, und in ihren Wohnungen stapeln sich verpackte Waren, so dass man sich wie in einem Geschäft fühlt. Bei Frauen finden sich manchmal Berge ungetragener, teils originalverpackter Klamotten.

Was diese Wohnungen gemeinsam haben: Man kann sich in ihnen nur unter Schwierigkeiten bewegen. Sie sind vollgestopft vom Boden bis zur Decke. Es gibt kaum mehr Schneisen, auf denen man gehen kann. Man muss klettern, sich irgendwo durchwinden, Gegenstände beiseiteschieben. Messies können oft nicht unterscheiden zwischen Müll und Nichtmüll. Viele von ihnen bewerten beides gleichermaßen wichtig. Das führt zu massiven Problemen wie Geruchsentwicklung, Ungezieferbefall, gesundheitlichen Risiken.

Es ist eine Krankheit, wenn man sich nicht von Dingen trennen kann. Manche Messies wissen zwar, dass etwas Unrat ist, doch sie können ihn nicht hergeben. Das bedeutet, sie stecken den Müll in Plastiktüten und stapeln diese in einer Ecke. So betrete ich manchmal Wohnungen, die mehr oder weniger Müllkippen sind. Weil die Betroffenen meistens wissen, dass etwas mit ihrem Verhalten nicht stimmt, wagen sie es aus Scham oft nicht, Hilfe in Anspruch zu nehmen.

Dabei ist es heute relativ einfach, Hilfe zu bekommen, denn mittlerweile gibt es auf das Messie-Syndrom spezialisierte Sozialarbeiter. Doch der Schritt hinaus ist schwer, denn die meisten Menschen haben wenig Verständnis für Messies, die auf Müllbergen schlafen. Meine Erfahrung hat mich gelehrt, dass das Messie-Syndrom auf keine bestimmte Bevölkerungsgruppe beschränkt ist.

Der alte Mann und die Ordnung

»Unser Vater war ein Pedant«, erzählten mir die Zwillingsschwestern, als sie die Nachricht verdaut hatten, dass ihr in seiner Wohnung an einem Herzinfarkt verstorbener Vater am Messie-Syndrom gelitten hatte. Der Vater hatte selbst noch den Notarzt gerufen und war dann mit dem Telefon in der Hand zusammengebrochen. Als der Notarzt eintraf, war der Achtzigjährige tot.

»Unser Vater wollte nicht, dass wir ihn besuchen. Das war uns eigentlich recht, es war bequemer, wenn er zu uns kam. Er hat sich immer ein Taxi genommen. Wir waren schon

Ewigkeiten nicht mehr in seiner Wohnung, oder?«, fragte die eine Zwillingsschwester die andere.
Die nickte. »Wenn er bei uns war, hat er sich immer darüber aufgeregt, wie viel Unordnung die Kinder machen. Papa, das sind doch Kinder, habe ich gesagt, aber da war er total uneinsichtig.«
»Ja, so war der Papa«, stimmte ihre Schwester zu, und dann schauten sie sich beide fassungslos an.
Es würde noch eine Weile dauern, bis sie verkraftet hätten, was sie in der Wohnung ihres Vaters gesehen hatten. Die Toilette war seit Monaten, wenn nicht seit Jahren nicht mehr benutzbar. Die Fäkalien lagen in Plastiktüten verpackt in der Badewanne, bis zur Decke gestapelt. Ein Teppich über den Tüten diente als Tarnung. Auch typisch für das Syndrom, den Müll verstecken zu wollen. Wahrscheinlich sieht es für sie dann nicht mehr so schlimm aus oder erinnert sie nicht an Unangenehmes.

Wer eine Messie-Wohnung im Beisein seines Bewohners entrümpeln möchte, muss über Geduld und Verhandlungsgeschick verfügen. Es nützt nichts, wenn man einem Betroffenen erklärt, dass seine Lebensweise gesundheitsgefährdend ist oder ihn in den finanziellen Ruin treibt. Oder wenn man ihn gar fragt, warum er es sich so schwer macht. Man muss verhandeln, zäh wie ein Politiker. Dann gelingt es vielleicht, ein paar Dutzend Plastikflaschen zu evakuieren oder ein paar Mülltüten rauszubringen. Das bedeutet nicht, dass der Messie glücklich damit ist, dass er jetzt endlich wieder in seinem Bett schlafen kann. Ein Messie erfährt in der Regel keine Spontanheilung.
Für einen »normalen« Menschen ist es schwer nachvollziehbar, welche Strapazen Messies auf sich nehmen, um

Messie zu bleiben. Die meisten schlafen nicht mehr in ihren Betten oder auf Sofas. Die sind nämlich besetzt. Da liegen Plastikflaschen, Fäkalien, Klamotten, Bücher, Zeitungen, Fahrradreifen oder was auch immer. Häufig gibt es in einer Messie-Wohnung keinen einzigen freien Stuhl. Geschlafen wird irgendwo. Manchmal zusammengekauert neben einem Bett am Boden. Es kommt vor, dass ich in einer Messie-Wohnung erst nach stundenlangen Aufräumarbeiten ein Bett entdecke, begraben unter Müll. Und dann findet sich unter dem Bett sogar noch ein Bettkasten und – oh Wunder, der ist leer. Nur ein halbes Hühnchen liegt drin. Als ich es herausnehmen wollte, zerfiel es zu Staub.

Früher habe ich in Messie-Wohnungen immer eine Atemschutzmaske getragen. Heute gibt es kaum mehr Gerüche, die mich umhauen wie beispielsweise bei der alten Dame, die im Wohnzimmer einen Schlaganfall erlitten und dort einige Tage gelegen hatte; im Hochsommer an der Fensterfront, zur Südseite. Der pure Gasalarm.

DIE KRISE

Ich stand vor einer Badewanne in einem alten Mietshaus. Blaue Kacheln mit gelben Entchen, die Wanne matt und fleckig. Hier hatte die Frau ihr letztes Bad genommen. Mit viel Schaum. Dann hatte sie den Föhn, den sie bereitgelegt hatte, in die Wanne fallen lassen.
Zwei Jahre lang war die Frau arbeitslos gewesen, und das hatte sie nicht verkraftet. Sie war dreiundfünfzig Jahre alt und hatte ihren Beruf als Arzthelferin geliebt – bis der alte Doktor in Rente ging und der neue sie nicht übernommen hatte. Sie fand keine Stelle mehr, obwohl sie sich die Hacken ablief, wie mir ihre Nachbarin erzählte. Sie fühlte sich wertlos und überflüssig und hatte jede Lebensfreude verloren.
»Eine so liebe Frau«, sagte die Nachbarin, »das Leben ist ungerecht.« Und dann erzählte sie mir, was ich selbst weiß: dass man sich heutzutage in der Badewanne eigentlich nicht mehr umbringen kann, weil es den FI-Schalter gibt. Ja, den gibt es, aber nicht in jeder Wohnung.

Lange stand ich vor der Badewanne, dann tat ich meine Pflicht. Doch als ich die Wohnung verließ, nahm ich den Föhn in Gedanken mit. Irgendetwas in mir verstand diese Frau. Ins warme Wasser legen, und dann den Stecker ziehen.
Ich war müde. Mehr als müde. Ich fühlte mich ausgelaugt. Ich war so erschöpft, dass ich tatsächlich zum Arzt ging, und das will was heißen.
»Sie brauchen mal eine Pause«, diagnostizierte er und schrieb mich eine Woche krank. Das half mir aber nichts.

Es wurde immer schlimmer. Ich wurde immer müder, völlig antriebslos. Und gleichzeitig sah ich mir selbst von außen dabei zu. Aha, so ist das also, dachte ich. So haben sich manche der Patienten gefühlt, die ich als Praxismanagerin in der Neurologie und der Psychiatrie kennengelernt hatte. Aha, jetzt hat es dich also auch erwischt, dachte ich. Kein Wunder, das trifft viele Menschen, die in helfenden Berufen arbeiten, da gehörst du dazu.
Ich war zu erschöpft, um nur eine Kartoffel zu schälen. Alles strengte mich an. Ich wollte am liebsten meine Ruhe und war froh, dass Andreas zu diesem Zeitpunkt auf einem Segeltörn war. Angèlique hatte ihren ersten Freund und schwebte auf rosaroten Wolken. Sie war viel unterwegs und genoss ihr Leben, und ich saß allein in unserer Wohnung und konnte mir nicht mal vorstellen, rauszugehen und eine Zeitung zu kaufen. Ich konnte mir nicht vorstellen, mit anderen zu sprechen. Ich konnte gar nichts mehr. Am liebsten wäre ich einfach nur im Bett geblieben. Im Dunkeln.
Und da dachte ich an die Frau in der Badewanne. Und an manche andere Suizidtote, deren letzte Spuren ich beseitigt hatte. Zum ersten Mal in meinem Leben verstand ich sie emotional. So ist das also, dachte ich, wenn man nicht mehr will. Wenn man so abgrundtief erschöpft ist. Und da hilft es mir überhaupt nicht, dass ich eine tolle Beziehung und eine wundervolle Tochter habe, dass mich meine neue Familie und mein Beruf erfüllt. Überhaupt nichts hilft mir das, weil es mich nicht mehr erreicht. Jetzt denk mal was anderes, befahl ich mir. Es klappte nicht.

Ich riss mich zusammen, wenn Angèlique zu Hause war. »Grippe«, murmelte ich, und sie hielt Abstand zu mir, weil sie ihren Freund nicht anstecken wollte, der lernte gerade

fürs Abi. Wenn ich allein war, ging ich nicht ans Telefon, doch in Angèliques Beisein nahm ich die Gespräche an. Ich wollte ihr keinen Grund zur Sorge geben, und die Tatortreinigung Schendel ist rund um die Uhr im Einsatz und geht immer ans Telefon.
Ein alter Freund aus Düsseldorf, ich hatte ihn lang nicht mehr gesehen, erschien schließlich als mein Retter. An meiner Stimme hörte er, dass ich nicht ich selbst war, er ließ sich nicht abspeisen mit der vorgeschobenen Grippe, fragte nach und drohte, so lange anzurufen, bis er die Wahrheit erfahren würde. Ich erzählte ihm von meinen Gedanken.
»Du musst raus aus der Wohnung!«
»Ich kann nicht.«
»Dann hol ich dich!«
Er machte sein Versprechen wahr und begleitete mich zu einem Arzt meines Vertrauens. Der schalt mit mir: »Warum kommen Sie denn erst jetzt?«
Ich zuckte mit den Schultern. Wie sollte ich erklären, dass ich es nicht geschafft hatte? Ich verstand mich doch selber nicht! Niemand verstand mich. Nicht Andreas, der manchmal von irgendeinem Satellitentelefon anrief und meinte: »Du klingst komisch, hast du deine Grippe noch nicht auskuriert?«
Auch meine Tochter konnte meinen Zustand natürlich nicht verstehen. Einmal hatte ich mich nicht mehr zusammenreißen können und war vor Angie in Tränen ausgebrochen. »Ich habe Angst, dass ich mein Leben nicht mehr schaffe. Dass ich versage.«
Sie musterte mich entgeistert. »Du?«
Schluchzend nickte ich. Da nahm sie mich in den Arm. »Aber Mama! Deswegen brauchst du dir doch keine Sorgen machen. Du doch nicht. Du schaffst doch immer alles.«

»Aber ob ich alles richtig gemacht habe. Gerade mit dir! Ich war viel zu selten bei dir. Ich habe mich nicht richtig um dich gekümmert. Ich hätte viel öfter zu Hause sein müssen.«
Angie drückte mich fest an sich. »Mir geht es prima, Mama. Und daran bist du und wirklich nur du schuld.«

Ich selbst vermutete, dass ich eine Depression hätte, und konnte mir nicht vorstellen, dass ich jemals wieder rausfinden würde. Doch einige Bluttests ergaben, dass ich an einer Hormonstörung litt, die mit den richtigen Medikamenten sehr schnell behoben wäre. Da ich nicht täglich Tabletten nehmen wollte, hatte ich mir vorgenommen, das Medikament nach einigen Monaten abzusetzen. Doch der Arzt riet mir zu einer schonenden Vorgehensweise, und wir verringerten die Dosis allmählich, bis ich an meinem Ziel war: medikamentenfrei.

Diese Zeit war eine wichtige Erfahrung für mich. Als es mir besser ging und ich über meine Probleme sprechen konnte – wenn auch nur mit wenigen Vertrauten –, hörte ich oft die Vermutung, mein Zusammenbruch wäre die Folge der schrecklichen Bilder, die ich in meinem Beruf gesehen hatte. Das glaube ich aber nicht, und die Hormonstörung bewies es mir ja auch. Vielmehr hatte ich über Jahre hinweg bis an die Belastungsgrenze gearbeitet, in all meinen Jobs. Ich musste einfach lernen, besser auf mich zu achten.
Letztlich hat mir meine Krise meinen Beruf nicht schwerer gemacht, sondern einfacher. Ich interpretierte meine Schwäche so, dass ich dadurch näher an manche der Opfer herangerückt bin. Ich bekam ein Gefühl dafür, wie es ihnen geht, bevor sie sich selbst töten. Und das ist – auch wenn es seltsam klingen mag – sehr wertvoll für mich.

Geliebter Alltag

Als ich über den Berg war und den ersten neuen Auftrag annehmen konnte, war ich mit Freude bei der Sache. Die Serie der Messie-Wohnungen setzte sich fort. Wieder war ich mit den bekannten Symptomen konfrontiert. Doch dann stieß ich auf eine Überraschung. In einem Schrank im Flur hing vorne teure bayerische Trachtenkleidung. Und hinten gab es eine Schmuddelecke. Lack und Leder, Hot Pants mit ausgesparten Pobacken.
»Haben Sie irgendetwas Wichtiges gefunden?«, fragte mich die Tochter des verstorbenen Mannes.
Etwas Wichtiges?, überlegte ich. Was war wichtig? War das wichtig, und für wen?
Ich schüttelte den Kopf.
Manchmal bringen mich solche Funde in einen Gewissenskonflikt. Einerseits will ich nichts verheimlichen, andererseits will ich auch die Erinnerung an den Verstorbenen nicht zerstören, denn er selbst kann nicht mehr Stellung nehmen. Er wird schon einen Grund gehabt haben, Lack und Leder hinter die Trachten zu hängen und nicht andersrum.
Mein Beruf hat mich gelehrt, dass man niemandem in den Kopf hineinschauen kann. Wir glauben, wir kennen unsere Mitmenschen – und irren uns dabei oft gewaltig. Bloß, dass die meisten von uns solchen Irrtümern nicht auf die Spur kommen.
Hin und wieder denke ich auch: Ob die da oben sehen, dass du in ihren Sachen stöberst, und wie finden die das? Je nach Stimmung kann mich da schon mal ein kleines schlechtes Gewissen packen. Aber das ist sehr selten, und da ich mit den mir anvertrauten Dingen und Geheimnissen diskret und wertschätzend umgehe, löst sich das schnell wieder in Luft auf.

Die Vertrauensfrage

»Bevor ich weiß, ob Sie die Richtige für den Auftrag sind, müssen wir uns treffen«, sagte die Frauenstimme am Telefon zu mir.
»Okay«, stimmte ich zu.
»Es ist nämlich so«, sagte die Frau, »dass ich sicher sein muss, dass wir eine Verbindung zueinander aufbauen können, ehe ich Ihnen den Schlüssel übergebe.«
»Aha«, sagte ich.
»Es ist immerhin die Wohnung meines Vaters, und nur wenn ich energetisch absolut sicher bin, dass Sie sich in diesen Ort einschwingen, kann ich das zulassen.«
»Am besten, wir treffen uns, und dann entscheiden Sie das«, wiederholte ich mein Angebot.
»Ja. Denn ich muss Ihnen absolut vertrauen können.«

Nun war ich wirklich neugierig. Die Stimme am Telefon gehörte zu einer zirka vierzigjährigen Frau mit langen roten Haaren. Sie kam mit einem Motorrad zu unserem Treffpunkt in einem Café in Krefeld. Gleich nach der Begrüßung zündete sie sich eine Zigarette an, bis zum Ende unseres Gesprächs rauchte sie eine halbe Schachtel.
»Für mich ist einzig und allein entscheidend, dass ich Ihnen vertrauen kann«, fing sie abermals an, und dann erfuhr ich endlich, was dahintersteckte. »Mein Vater hat mir vor drei Monaten am Telefon erzählt, dass er in seiner Wohnung Geld deponiert hat für seine Beerdigung. Mein Vater besaß zwar ein Bankkonto, doch der Kontostand erscheint mir zu niedrig. Ich meine, mein Vater muss wesentlich mehr Geld besessen haben. Nun frage ich mich, wo er es versteckt hat, und da er selbst diese Andeutung gemacht hat ...«

»Was hat er denn genau gesagt?«, fragte ich.
Die Frau schaute sich um, als würden wir belauscht, und senkte dann ihre Stimme. »Er sagte, er habe es so perfekt in Sicherheit gebracht, dass niemand es jemals finden würde.«
Dieser Auftrag begann mich zu interessieren. Klar steckt auch eine kleine Goldgräberin in mir, und klar, ich würde mich freuen, wenn ich mal einen großen Fund machen würde. Kürzlich war ich in einer Wohnung, in der Goldbarren im Wert von mehreren hunderttausend Euro sichergestellt wurden – bevor ich kam.
Ich glaube, es wäre ein schönes Gefühl, so einen großen Fund abzuliefern. Erfolgreicher kann man wohl kaum arbeiten! Nicht mal im Traum käme ich auf die Idee, Geld oder Wertgegenstände zu unterschlagen, schließlich arbeite ich gelegentlich auch für die Amtsgerichte und habe mehr zu verlieren als meinen guten Ruf. So etwas würde mich vor mir selbst beschmutzen, da bin ich der falsche Typ dafür.

Die Frau verkündete schließlich, sie vertraue mir, tat es dann aber wohl doch nicht, denn sie bestand darauf, die Wohnung ihres Vaters mit mir gemeinsam zu durchsuchen. Es gab nicht viele Möglichkeiten, eine große Geldsumme zu verstecken, wie ich auf den ersten Blick feststellte. Die Wohnung war klein und ordentlich. Ein Doppelbett mit Kleiderschrank im Schlafzimmer, ein Schrank, ein Tisch, zwei Stühle und zwei Regale im Wohnzimmer, eine Garderobe, eine Singleküchenzeile mit Mikrowelle, Badezimmer ohne Wanne.
Wir nahmen die Wohnung regelrecht auseinander. Nicht nur oberflächlich. Wir untersuchten den Gasboiler, die

Rohre unter der Dusche, klopften die Wände ab und die Böden, lockerten die Fußbodenleisten. Nichts.
»Und Sie sind wirklich sicher, dass Ihr Vater Ihnen da kein Märchen erzählt hat?«, fragte ich zum Schluss.
»Nein. Irgendwo hier muss das Geld sein. Denn auf seinem Konto, da fehlt es ja.«
»Und wenn er es anderweitig ausgegeben hat?«
»Das würde er nie tun. Außerdem hat er mir das doch selbst gesagt, dass er es in der Wohnung versteckt hat.«
»Aber hat er nicht sinngemäß gesagt, er hätte es so gut versteckt, dass niemand es findet?«, erinnerte ich die Frau. »Und warum hat er niemandem von dem Versteck erzählt? Wollte er denn nicht, dass es gefunden wird?«
Ich erhielt keine Antwort.
Jahre später hörte ich von einem Fall, wo jemand sein Vermögen hinter die Tapete geklebt hatte – vielleicht wäre dies damals auch eine Lösung gewesen!

Winnenden

Niemals werde ich den 11. März 2009 vergessen. Angie rief mich vormittags an, ich war gerade auf der Post. »Mama, mach das Radio an, schnell! Da hat es einen Amoklauf an einer Schule gegeben.«
Der Ort lag nicht weit von uns entfernt. Ich war schon einige Male dort gewesen, meist auf dem Weg zu Tatorten. Abends erhielt ich einen Anruf von dem Autohaus, wo das entsetzliche Drama geendet hatte, als der Amokläufer, nachdem er einen Autoverkäufer und seinen Kunden erschossen hatte, seine Waffe auf dem Parkplatz gegen sich selbst gerichtet hatte.
»Wie schnell können Sie zu uns kommen?«

»Ich kann sofort losfahren«, bot ich an.
»Wir melden uns, wenn die Kripo unser Autohaus wieder freigegeben hat, wir wissen nicht, ob das einen oder zwei Tage dauert, es ist hier sehr viel geschossen worden, und alle Spuren müssen zuerst ausgewertet werden.«
»Ich werde sofort kommen, wenn Sie mich rufen.«

Tief bewegt stand ich im Verkaufsraum des Autohauses am Schreibtisch des getöteten Autoverkäufers. Familienfotos, Mitarbeiterfotos, ein Herz aus Schokolade. Ein anderer Verkäufer hatte schnell reagiert und seinen Kunden, als der Amokläufer wild um sich schoss, über den Schreibtisch gezogen, um ihn in Sicherheit zu bringen. Doch für diesen Autoverkäufer und seinen Kunden war es zu spät gewesen. Sie starben beide im Kugelhagel – wie 13 andere Opfer, 12 davon an der Schule in Winnenden, acht Schülerinnen, ein Schüler, drei Lehrerinnen.
Zu Beginn meines Aufenthaltes in Winnenden fiel es mir schwer, meine professionelle Distanz zu wahren. Das änderte sich, als ich in die Räumlichkeiten eingewiesen wurde und wusste, was ich zu tun hatte.

Der Tatortbereich im Freien war großflächig mit Signalbändern gekennzeichnet, *Polizeiabsperrung* stand unübersehbar darauf. Hinter den Signalbändern drängten sich Menschen. Reisebusse voller Schaulustiger trafen ein. Familien starteten mit Kind und Kegel und Proviantpaketen zu einem Ausflug. Gruselgucken. Ich sah Väter, die ihre Kinder hochhoben, damit sie besser sehen konnten, wo der böse Mann sich erschossen hatte. Ein Paar um die fünfzig stieg über die Absperrung, um sich den Tatort aus der Nähe anzusehen.
»Jetzt haben Sie sich doch mal nicht so«, raunzte mich der

Mann an, den ich in seine Schranken verwies, »man will sich eben sein eigenes Bild machen.«

Mit meinem Schutzanzug arbeitete ich am Parkplatz. Kamerateams drängten sich vor dem Gelände. Und wieder stieg jemand über die Absperrung und schlenderte, in der einen Hand einen Fotoapparat, in der anderen eine Zigarette, über den Platz.
»Hier ist gesperrt«, sagte ich.
»Ich wollte halt mal kucken.«
»Können Sie nicht lesen? Da steht doch groß und deutlich: Polizeiabsperrung!«
»Man wird sich ja wohl für ein Auto interessieren dürfen, das ist doch ein Autohaus oder vielleicht nicht?«
»Das Geschäft hat geschlossen.«
»Es hätte ja sein können, dass Sie hier Autos verkaufen.«
»Sehe ich aus wie ein Autoverkäufer?«
»Keine Ahnung, wie die aussehen.«
Ich war sprachlos.

Mit meinem Team arbeitete ich zwei Tage lang von früh morgens bis spät abends in Winnenden. Es gab viele Einschusslöcher und Blutspritzer, und da die Polizei alle Spuren deutlich markiert hatte, kostete es zusätzlich Zeit, diese Markierungen zu entfernen. Manchmal ist die Spur kleiner als die Markierung außen rum, erst die Markierung macht manche Spur sichtbar, kennzeichnet das Verbrechen.

Schwerhörig

Auf der Heimfahrt nach Krefeld hatte ich plötzlich Wasser im linken Ohr. Es blubberte förmlich. Ich schüttelte den Kopf, und das Ohr wurde wieder frei. Nach einer Weile blubberte es erneut. Komisch, dachte ich, ich war doch nicht beim Schwimmen gewesen. Dann war das Blubbern weg, und ich vergaß es.

Zwei Tage danach wachte ich morgens auf und hörte kaum mehr etwas. Außerdem hatte ich ein gedämpftes Gefühl im Ohr, als hätte ich mir Watte reingesteckt.
»Hörsturz«, diagnostizierte der Ohrenarzt, legte mir eine Infusion und riet: »Bleiben Sie mal eine Woche zu Hause und ruhen Sie sich aus.«
»Ja, das mache ich«, sagte ich und nahm es mir auch wirklich vor, doch es war ein schlechter Zeitpunkt, mich auszuruhen. Ich hatte einen neuen Fall.

Ein Lokalpolitiker hatte sich erschossen. Kopfschuss. Es gab sehr viel Gehirnmasse zu entfernen aus der Holzdecke und vor allem aus den Ritzen. Gehirnmasse ist zäh. Sie klebte auch an den vielen Geweihen, die im Wohnzimmer der Familie an den Wänden hingen. Ferner gab es Splitter von Schädelknochen zuhauf.
»Tun Sie, was nötig ist«, hatte mich der Anwalt der Witwe beauftragt. Ich sah sie selbst einige Male, doch außer »Guten Tag« und »Auf Wiedersehen« wechselte sie kein Wort mit mir. Und einmal ließ sie mich wissen: »Ich möchte Ihre Rechnung in bar bezahlen.«
Irgendwie schien die Presse Wind von dem Fall bekommen zu haben. Als ich das Haus verließ, wurde mir ein Mikrofon unter die Nase gehalten. Ob ich eine Freundin der

Familie sei. Ich ging einfach weiter, stieg in mein Auto und fuhr weg. Wenn sie jetzt die Autonummer notierten und rauskriegen, wer ich bin ... dachte ich.
Selbstverständlich ist an meinem Auto keine Werbung angebracht. Dies würde gegen das Gebot der Diskretion verstoßen. Da man mir meinen Beruf nicht ansieht, kann ich mich relativ unbehelligt an Tatorten aufhalten. Je spektakulärer ein Mord ist, desto gieriger verlangt die Presse nach Informationen. Es ist einfacher für mich, wenn sich mein Arbeitsplatz in einem Mietshaus befindet, wo ich meistens für eine Besucherin gehalten werde.

Das Wattegefühl in meinem linken Ohr kehrte zurück. Zum Glück funktionierte das rechte gut. So fuhr ich halbtaub nach Oberhausen, wo eine Frau mit Dutzenden von Messerstichen in der Waschküche niedergemetzelt worden war. Ein Eifersuchtsdrama, wie sich schnell herausstellte. Eine Ehefrau hatte ein Verhältnis vermutet und die vermeintliche Rivalin getötet. Um die Leiche zu verstecken, hatte sie sie unter der frisch gewaschenen Wäsche regelrecht begraben. Als ich am Tatort erschien, hatte sich der Blutgeruch mit dem Waschmittelduft zu einer eigenartigen Mischung verbunden.
»Sie müssen nicht so schreien«, sagte der Hausverwalter zu mir, der mich beauftragt hatte, die Waschküche und den Keller zu reinigen. »Ich verstehe Sie auch so.«
»Verzeihung, ich hatte eine Erkältung, die hat sich auf die Ohren geschlagen, ich höre schlecht.«
»Na, dann gute Besserung.«
Die blieb leider aus, und einige Tage danach wachte ich morgens auf und hörte überhaupt nichts mehr, weder rechts noch links. Das machte mir Angst. Doch ich hatte

für diesen Tag einen Auftrag zugesagt. Den ziehe ich noch durch, beschloss ich, und danach gehe ich dann zum Ohrenarzt.

Die traurigen Eltern
Der junge Mann hatte in der Einliegerwohnung im Haus seiner Eltern gewohnt. Niemals zuvor und danach war ich mit so vielen Maden konfrontiert wie an diesem Ort. Bündelweise, so etwas hatte ich noch nie gesehen. Sie machten den Eindruck, als würden sie sich gegenseitig auffressen, wie sie da zusammengefrickelt wimmelten. Später hörte ich vom beauftragten Bestatter, auch er habe noch nie einen so extremen Madenbefall vorgefunden. »Die sind unter der Haut des Toten entlanggelaufen. Der ganze Körper hat sich bewegt.«

Die Eltern hatten nichts von der Tragödie bemerkt, die sich in ihrem Haus abspielte. Obwohl der Sohn so nah bei ihnen wohnte, hatten sie nur wenig Kontakt; er war drogenabhängig, und wie viele Drogensüchtige kapselte er sich von seiner Familie ab. Weinend begrüßten mich die Eltern, versuchten sich zusammenzureißen, aber es gelang ihnen nicht. Da fassten sie sich bei der Hand wie Kinder, die sich fürchten.
»Sie brauchen mir nichts zu zeigen«, sagte ich, »nur die Wohnungstür. Ich komme gut allein zurecht. Und entschuldigen Sie bitte, wenn ich laut spreche. Ich hatte eine Erkältung, und die hat sich wohl auf die Ohren geschlagen.«
Die Mutter erwiderte etwas, was ich nicht verstand, ich nickte einfach und folgte ihrem Mann über eine Außentreppe zu der Einliegerwohnung des Sohnes.

Als wir vor der Tür standen, kam die Mutter uns nach. Sie sah so traurig, so verzweifelt aus, dass mir ganz flau wurde. Sie schluchzte, verbarg das Gesicht in den Händen, schüttelte den Kopf und erzählte mir etwas, wovon ich nur wenig verstand, doch ich reimte mir den Inhalt ihrer Worte zusammen. Schon oft haben sich Eltern bei mir entschuldigt. Die Polizei hatte ihnen berichtet, wie schlimm es in der Wohnung aussehen würde.
Eltern sind Eltern. Für immer. Sie fühlen sich verantwortlich für ihre Kinder, auch wenn sie längst erwachsen sind, und nehmen sie in Schutz oder bitten um Verständnis. Und wenn sie die Wohnungen selbst betreten haben, trauen sie sich oft nicht zu sagen, wie es dort wirklich aussieht, und beschönigen die Zustände. Da wollen sie auch mich schützen. Ich erkläre dann immer sachlich, aber bestimmt, dass es mein Beruf ist, den Fundort zu reinigen und wiederherzustellen. Das beruhigt sie meistens. Bewährt hat sich der eigentlich banale Satz: »Ich habe schon so viel gesehen.«

Ich bemühte mich, das Paar nicht anzuschreien, und bat es, in die eigene Wohnung zurückzukehren. Sie sollten keine Angst haben, dass ich mich erschrecken würde. Solche Anblicke sind mein tägliches Brot.
»Aber er hat schon eine Weile gelegen, weil wir zwei Wochen in Südtirol waren und …«
»Bitte machen Sie sich keine Sorgen. Ich schlage vor, dass ich mir jetzt erst einmal einen Überblick verschaffe und mich dann bei Ihnen melde.«

Ich hätte mir eine kleinere »Baustelle« gewünscht, um schneller zum Ohrenarzt zu gelangen, doch in dieser Wohnung gab es wirklich sehr viel zu tun. Der Laminatboden musste komplett raus, er war regelrecht durchtränkt mit Körperflüssigkeiten. Vorher musste ich ihn natürlich reinigen und desinfizieren, das ist die übliche Reihenfolge. Erst desinfizieren und reinigen, dann entfernen – sonst könnten meine handwerklichen Helfer mit Überresten des Leichnams in Berührung kommen.

Am Abend lernte ich die Nachbarin des Eltenpaares kennen. Die Mutter des Verstorbenen hatte einen Zusammenbruch erlitten, ihr Mann hatte sie ins Krankenhaus gebracht. Die Nachbarin war gebeten worden, sich um mich zu kümmern.
»Brauchen Sie irgendwas zu essen?«, fragte sie mich mit einem Gesichtsausdruck, dem ich entnahm, dass sie keinen Appetit hatte.
»Vielleicht könnten Sie mir eine Pizza bestellen? Mit Tomate und Mozzarella?«
»Und das schlägt Ihnen nicht auf den Magen?«, fragte die Nachbarin und deutete nach oben, Richtung Wohnung des Verstorbenen.
»Irgendwann muss ich ja auch mal was essen«, entschuldigte ich mich. Wahrscheinlich schrie ich schon wieder, denn die Nachbarin zuckte zusammen. Doch dann bestellte sie sich auch eine Pizza und aß sie bis auf die letzte Olive auf.

WOCHENENDDIENSTE

Diesmal hörte ich auf den Ohrenarzt, wie es sich gehört! Zum Glück halfen die Infusionen, und die Taubheit verschwand langsam. Ich nahm mir vor, insgesamt kürzerzutreten und am Wochenende keine Aufträge mehr anzunehmen. Jetzt lernte ich das Leben von einer ganz neuen Seite kennen: Mit Andreas fuhr ich Rennkart, wir gingen ins Kino, kochten zusammen, und ich begeisterte mich für Indoor-Klettern.
»Ich hatte eher an so etwas wie Yoga gedacht«, seufzte der Arzt bei der Nachkontrolle.
»So was Ruhiges stresst mich«, gestand ich.

Die freien Wochenenden taten mir gut. Ich fühlte mich viel ausgeglichener.
»Aber ich kann Wochenendaufträge nicht prinzipiell ablehnen«, erklärte ich Andreas. »Wenn mich jemand am Freitagnachmittag anruft, kann ich ihn nicht vertrösten auf Montag.«
»Dann musst du deine Zeit eben so einteilen, dass du das Wochenende werktags nachholst«, riet Andreas.
Kurz darauf bekam ich an einem Freitag eine Anfrage, und die Dame am Telefon erkundigte sich höflich, ob ich am Montag sofort mit der Arbeit beginnen könnte.
»Montag ist überhaupt kein Problem«, versicherte ich und dachte: Aha, so geht es also auch! Normalerweise wäre ich am Freitag losgefahren und hätte das Wochenende durchgearbeitet. Es lag wohl an der inneren Bereitschaft, und die fehlte mir im Moment. Ich wollte lieber mit Andreas Indoor-Klettern und andere schöne Sachen machen.

Antiquitäten in der Hundehütte

Einer meiner nächsten Aufträge war eine Hütte, in der ein alter Mann gelebt hatte, bevor er verstarb. Ich war schockiert, die Hütte hätte ich nicht mal einem Hund zugemutet. Seine Schwester, sie hatte mich auch kontaktiert, hatte mich wie erwartet beauftragt, in der Hütte klar Schiff zu machen.

Der alte Mann war gar nicht der reguläre Mieter gewesen, er hatte zur Untermiete dort gewohnt, und es war nicht mal sicher, ob der andere wirklich Hauptmieter gewesen war. Die Hütte stand in einem Hinterhof neben einer Garage auf einem ehemaligen Werkstattgelände. Der Boden war abgesackt, der Fußboden stellenweise verschwunden. An den löchrigen Seitenwänden klebten Styroporplatten. Auf dem Feldbett türmten sich schmuddelige Decken. Es gab keine Heizung und kaum Möbel: einen schiefen Schrank, dessen Tür nicht mehr schloss, und einen Fernsehapparat mit Kleiderbügel-Antenne.

Es tat mir weh, diese Behausung zu sehen. Warum hatte sich der alte Mann keine Hilfe geholt? In Deutschland musste niemand so hausen. Zu meiner Verwunderung fand ich in der einzigen Schublade an dem schiefen Schrank ordentlich in Klarsichthüllen verwahrte Schuldscheine. Es stellte sich heraus, dass der alte Mann über eine gewisse Summe Geld verfügte, die er offenbar seinem Vermieter geliehen hatte. Der wusste nicht, dass ich das wusste, und besaß die Dreistigkeit, der Schwester des Verstorbenen, also meiner Auftraggeberin, eine fünfstellige Summe in Rechnung zu stellen. Angeblich habe der Verstorbene ihm teure Antiquitäten gestohlen, die er ihm zusammen mit der Hütte vermietet habe. Nun seien sie fort, und er gehe davon aus, dass ihr Bruder sie verkauft habe.

»Was soll ich denn jetzt machen?«, fragte mich meine Auftraggeberin mit zittriger Stimme. Sie war 82 Jahre alt, lebte in einem Heim, und allein der Gedanke, einen Rechtsanwalt einschalten zu müssen, brachte sie zum Weinen.
»Ganz ruhig bleiben«, riet ich ihr. »Ich habe alles dokumentiert. Ich habe die Schuldscheine gefunden und Fotos gemacht. Sie brauchen keine Angst zu haben.«
Ich kümmerte mich darum, dass die alte Dame von Behördenseite unterstützt wurde, und sagte einige Monate später in dem Prozess aus, in welch erbärmlichem Zustand ich die Hütte vorgefunden hatte. Wie zu erwarten wurde der Betrüger verurteilt.

Der Geruch des Todes

Wenn ich ein Haus betrete, in dem kürzlich ein Mensch gestorben ist, dann rieche ich das. Mittlerweile kann ich sogar Todesarten olfaktorisch unterscheiden. Meine Nase ist sehr fein, und ich erkenne zum Beispiel den Drogentod an seiner Note. Er hinterlässt eine andere Geruchsspur als die Rückstände eines natürlich verstorbenen Menschen.
Einen meiner schlimmsten Geruchsfälle erlebte ich in einer Wohnung in Essen. Der Körper hatte sich komplett aufgelöst, der Bestatter hatte lediglich das Rückgrat und die Schädelknochen mitnehmen können, alles andere war verflüssigt.
Der menschliche Körper besteht auch aus Mikroorganismen, und die wandern. Angenommen, der Verstorbene liegt in einer Ecke, so kann sich doch an der Wand gegenüber, mehrere Meter entfernt, ein Fleck bilden, schwarzem Schimmel ähnlich oder als habe jemand mit einer schwar-

zen Farbdose an die Wand gesprüht. Auch Fliegen und Maden geben die Rückstände weiter. Diese Verbreitung ist schwer erklärbar und erstaunte mich zu Beginn meiner Tätigkeit oft. Heute bin ich daran gewöhnt.

In dieser Wohnung in Essen roch es so stark, dass ich nur mit Atemschutzmaske arbeiten konnte. Das ist sehr anstrengend, da man gegen den Widerstand des dicken Filters atmen muss. Jede Bewegung kostet mit einer Atemschutzmaske doppelt Energie. Da bricht einem schnell der Schweiß aus, und man braucht auch öfter mal eine Pause.
Immer wieder ging ich auf den Balkon hinaus, um mir die Maske vom Gesicht zu reißen und meine Lungen mit frischer Luft zu füllen. Doch die reine klare Luft, die ich mir wünschte, gab es nicht, mein Anzug stank. Um mich herum stank alles so übermächtig, dass es mich würgte. Zum Glück sind solche extremen Fälle selten.

Der Verpackungskünstler

Dass der alte Mann, der in seiner Wohnung verstorben war, an Demenz gelitten hatte, erkannte ich auf den ersten Blick an den vielen gelben Klebezetteln, die überall verteilt waren. Immer wieder dieselben Telefonnummern, welches Fernsehprogramm auf welche Taste der Fernbedienung programmiert war, wann das Altpapier abgeholt wurde, die Telefonnummer eines Arztes, dass der Herd auszuschalten sei und so weiter.
Der alte Herr hatte ein seltsames Hobby gepflegt. Er sammelte Kugelschreiber. Schlussendlich sollte ich in dieser Wohnung mehrere tausend Stück finden. Jeder Kugel-

schreiber war nach einem speziellen System raffiniert verpackt: Er wurde von einem Plastikbeutel umschlossen, mehrfach gedreht und dann mit einem Gummi gesichert. Auch Wattestäbchen waren derart eingewickelt. Einzeln. Und die Eier im Kühlschrank ebenfalls. An einer durch die ganze Wohnung gespannten Leine hing die gewaschene, getrocknete und gebügelte Verpackung von Butter.

Normalerweise hätte die Wiederherstellung der Wohnung keinen hohen Zeitaufwand erfordert. Wir hätten die verpackten Kugelschreiber und Wattestäbchen in Plastiksäcke geworfen und sie entsorgt. Doch meine Auftraggeberin war auf der Suche nach einem Schlüssel für ein Bankschließfach, den ihr Vater irgendwo verwahrt hatte. Das bedeutete, dass meine Helferin und ich jeden Kugelschreiber, jedes Wattestäbchen, jeden Gegenstand auspacken mussten. Und das dauerte, denn die Sachen waren ja nicht schlampig verpackt, ganz im Gegenteil.
Im Schlafzimmer fanden wir eine verpackte Reisetasche, in der wiederum mehrere kleinere Reisetaschen verpackt waren, auch ein Kulturbeutel; jede einzelne Tablette, jeder Zahnstocher, Zahnbürste, Zahnpasta, alles war im bewährten System gesichert. Wie viele solcher Päckchen fanden wir, in denen sich ein Schlüssel befinden konnte! Unser einziger Anhaltspunkt war ja die Größe.
Nach diesem Auftrag konnte ich eine Weile keine Frühstücksbeutel sehen, ohne in nervöses Kichern auszubrechen. Den Safeschlüssel fanden wir damals leider nicht.

Das Geheimversteck

Auch die 25 000 Euro, die in der Wohnung eines ehemaligen Feuerwehrhauptmanns versteckt waren, hätte ich wahrscheinlich nicht gefunden. Doch der Verstorbene war so klug, in seinem Testament zu vermerken, dass er die Summe in der Rückwand seines Schlafzimmerschrankes deponiert hatte. Auf die Idee, dass die Rückwand des Schrankes über ein Geheimfach verfügte, wäre ich nicht gekommen und hätte den Schrank, der auf den ersten Blick reif für den Sperrmüll schien, einfach abholen lassen – obwohl ich ihn zuvor gründlich untersucht hatte!

Ich möchte lieber nicht wissen, wie oft ich schon Geld weggeworfen habe, weil es zu gut versteckt war und die Besitzer vergessen hatten, ihren Angehörigen davon zu erzählen. Das ist natürlich ein Antrieb, sehr genau zu suchen, doch ich habe bis auf Münzgeld und Immobilienurkunden, Schmuck und ideelle Werte noch keinen Schatz entdeckt!

FAMILIENZUWACHS

Ich hatte da so ein Gefühl – und erzählte meiner Großen davon.
»Du musst sofort einen Test machen, Mama!«, rief Angèlique aufgeregt. »Soll ich zur Nachtapotheke flitzen?«
Ach, wie praktisch war sie veranlagt. Von wem sie das wohl hatte?
»Ich habe mir schon selbst einen besorgt«, grinste ich.
»Und?«
»Morgen früh mach ich ihn.«
»Ja, das stimmt, den Test muss man morgens machen.«
Woher wusste sie das? Wahrscheinlich hat sie es in der Schule gelernt, beruhigte ich mich.
Wir schauten uns an. Kicherten. Und dann machte ich den Test abends um acht.
Wie gebannt starrten Angèlique und ich auf den blauen Kreis und freuten uns wie verrückt.
»Weiß Andreas es schon?«, wollte Angèlique wissen.
Ich schüttelte den Kopf.
»Aber du musst es ihm sagen, ruf ihn an!«
»Nein, ich sag es ihm in einem passenden Moment. Am Wochenende, bis dahin sind es ja nur noch zwei Tage. Nicht am Telefon.«
Am nächsten Morgen wiederholte ich den Test, obwohl ich mir sicher war. Dann rief ich beim Gesundheitsamt an und erkundigte mich, ob ich auf bestimmte Dinge achten musste beim Ausüben meiner Tätigkeit; ich plante an diesem Vormittag einen Einsatz, bei dem ich mit speziellen Gerätschaften zu tun hatte, und wusste nicht, ob die chemischen

Mittel, die ich verwenden wollte, eine Gefahrenquelle für mich beziehungsweise mein Baby darstellen würden.
»Sie können den Auftrag ohne Bedenken durchführen«, wurde mir nach einer internen Nachfrage mitgeteilt. »Und übrigens, Frau Schendel: herzlichen Glückwunsch!«

An diesem Wochenende stand die Motorradweltmeisterschaft am Nürburgring für Andreas und mich auf dem Programm. Am Freitagvormittag kaufte ich ein Strampelhöschen und ließ es hübsch verpacken. Andreas am Nürburgring damit zu überraschen, erschien mir der passende Ort. Dort hatte vor bald drei Jahren unsere Liebe beim Truck-Grand-Prix begonnen. An der Rennstrecke wollte ich ihm auch mein kleines Geschenk überreichen, zumal das Baby wahrscheinlich Benzin im Blut hatte: Sieben Wochen zuvor waren wir bei einem Formel-1-Rennen in Belgien, und der Aufenthalt war sehr romantisch gewesen: Nun, ich war mir ziemlich sicher, zumal auch die Rundenzeit stimmte.

Als wir Freitagabend in unserem Hotel eingecheckt hatten, ich war dabei, meinen Koffer auszupacken, fragte Andreas plötzlich: »Kann es sein, dass du schwanger bist?«
»Wie kommst du denn da drauf?«, fragte ich erschrocken. Man sah nichts! Keine Spur!
»Nur so ein Gefühl«, sagte Andreas.
Ein bisschen enttäuscht kramte ich nach dem Strampelhöschen. Schade. Ich hätte es Andreas so gern an der Rennstrecke gegeben. Doch seine Freude machte alles wieder wett.

Beruflich trat ich nun endgültig kürzer, indem ich mich eine Weile auf die Firma selbst konzentrierte: Marketing, Kundenakquisition, Bürokram. Meine Subunternehmer, mit denen ich seit Jahren zusammenarbeitete, würden einspringen, wann immer ich Unterstützung brauchte. Ich nahm mir vor, auf schwere Räumarbeiten zu verzichten und mich stattdessen verstärkt um den Bereich Desinfektion zu kümmern, für den außer mir ohnehin niemand befugt war.

In der ersten Zeit meiner Schwangerschaft ging es mir blendend. Ich hätte Bäume ausreißen können, außer beim Autofahren. Unterwegs wurde mir oft übel. Selbstverständlich bekam ich nun vermehrt Aufträge aus anderen Bundesländern und musste manchmal weite Strecken mit dem Auto zurücklegen, es war wie verhext.
Viele meiner Tatorte sind das Resultat von Tötungsdelikten. Auch Kinder werden Opfer von Gewaltverbrechen. Ich hoffte inständig, dass mich niemand wegen eines toten Kindes anrufen würde. So etwas Entsetzliches habe ich zum Glück nur einmal erleben müssen: Ein Säugling wurde in seiner Wiege erstochen. Seine Mutter hatte dabei zusehen müssen, ehe sie ebenfalls getötet wurde, von einem Mann, den sie einmal geliebt hatte, ihrem Ex-Freund. Eine Beziehungstat, wie so oft.
Die Eltern der Mutter, man hatte ihnen dringend geraten, die Wohnung nicht zu betreten, benötigten einige Unterlagen für die Bestattung. Die Tat war noch keine zwölf Stunden her, als ich in die Wohnung kam. Über dem Babybettchen hingen blutbespritzte Bilder von einem glücklichen, kugelrunden Säugling. Es war sehr schwer für mich, in dieser Wohnung zu arbeiten, und ich war froh, als ich den Auftrag abgeschlossen hatte. Die Angehörigen wurden in dieser Zeit vom Weißen Ring, einer Kriminalitätsopferhilfe, betreut.

Als Schwangere war für mich allein die Vorstellung, einen Auftrag anzunehmen, bei dem ein Kind zu Tode gekommen war, extrem belastend. Das Problem war bloß: Woher sollte ich im Vorfeld wissen, ob ein Kind beteiligt war? In der Regel erfahre ich am Telefon noch nicht, was beim jeweiligen Tatort genau vorgefallen war. Es heißt eher: »In der Wohnung gab es ein Gewaltverbrechen.« Oder man spricht von einem Mord, von viel Blut. Es geht den Leuten nicht darum, mir zu erzählen, was geschehen ist. Ich bin Tatortreinigerin, keine Seelsorgerin. Die Leute wollen, dass ich die Spuren beseitige.

Wenn ich am Telefon nachfragen würde: »Wer ist denn gestorben, wie ist es passiert?«, würde ich mich unprofessionell präsentieren und mich gegenüber den Behörden auch disqualifizieren. Oft werde ich erst im Lauf meiner Tätigkeit in die genauen Umstände eingeweiht. Auch wenn ich von Angehörigen angerufen werde, will ich die nicht ausquetschen.

Mittlerweile habe ich doch schon ein Gespür dafür entwickelt, wie weit ich in einem Gespräch gehen kann. Manche Menschen wirken sehr gelassen – und sind es überhaupt nicht. Andere sind so cool, wie sie wirken. Ob ich jemandem seinen Auftritt abnehme oder nicht, das entscheide ich intuitiv, und ich bin mir ziemlich sicher, dass ich nach so vielen Begegnungen mit Menschen in Extremsituationen meinem Gefühl trauen kann.

Wenn ich mich dennoch erkundige: »Was ist genau passiert?«, dann heißt das nicht, dass ich neugierig bin. Ich möchte einfach gut vorbereitet sein und das Equipment mitnehmen, das ich brauche, um erfolgreich arbeiten zu können. Es gibt verschiedene Reinigungsmittel für verschiedenste Anforderungen. Außerdem habe ich mir in

Zusammenarbeit mit einem Labor manche Spezialmischungen herstellen lassen. Selbstverständlich gehören auch handelsübliche Putzhilfen zu meiner Ausrüstung wie Bürsten, Schaber, Spachtel, Teppichmesser, Zahnbürsten, Wattestäbchen, Müllsäcke und so weiter.

Der Axtmörder

»Können Sie bitte zu uns kommen, am besten jetzt gleich, hier ist ein Schwerverbrechen geschehen.«
»Wer spricht denn da bitte?«, fragte ich.
Schluchzen antwortete. Im Hintergrund hörte ich jemanden flüstern: »Gib mir mal das Telefon.«
»Hallo?«, eine andere Stimme.
»Schendel Tatortreinigung«, meldete ich mich.
»Die Polizei hat uns gewarnt, dass wir lieber nicht in die Wohnung gehen sollen. Es sei sehr viel Blut dort. Man hat uns geraten, das wegmachen zu lassen. Da sollen Profis ran.«
»Ja, das ist sicher ein guter Ratschlag. Wer spricht denn bitte? Und von wo rufen Sie an?«
»Können Sie gleich kommen? Wir halten das nicht mehr aus, es ist …«
Wieder hörte ich eine Stimme im Hintergrund: »Frag erst mal, was das kostet.«

Vier Stunden war ich schon auf der Autobahn unterwegs, und die Übelkeit stieg mit der Regelmäßigkeit der Raststätten, die ich passierte, in Wellen auf. In den Nachrichten des Bayerischen Rundfunks hörte ich von einem Familiendrama. Ein dreifacher Vater hatte seine Frau mit einer Axt getötet. Mein Instinkt sagte mir, dass das mein Fall war,

auch wenn die Anrufer mir keine konkreten Informationen gegeben hatten.
Das ist in solch extremen Fällen typisch. Zum einen befürchten die Menschen, ich würde abspringen, wenn sie mir gleich alles erzählen. Zum anderen wollen sie keiner wildfremden Person anvertrauen, was Schreckliches geschehen ist. Sie möchten mich erst kennenlernen. Mir in die Augen sehen und dann entscheiden, ob ich die Richtige für den Auftrag bin. Bisher war ich immer die Richtige.

In der hübschen Kreisstadt im südlichen Bayern, wo Geranien in verschiedenen Rottönen an ausladenden Holzbalkonen prangten, konnte ich mir den Hergang der Tat aufgrund der Spuren, die ich beseitigen sollte, lebhaft ausmalen.
Die Mutter dreier Kinder hatte die Haustür geöffnet, vor der ihr getrennt lebender Ehemann sie mit einer Axt erwartete. Panisch stürzte sie in das Haus, er verfolgte sie, schlug immer wieder mit der Axt auf sie ein, traf sie Dutzende von Malen, was ich an den Blutspritzern, die vom Erdgeschoss in den ersten Stock führten, ablesen konnte. Im Badezimmer tötete er die Frau und zog die Axt schwungvoll aus ihrem Körper, wie die Spuren bewiesen. Man fand seine Leiche am nächsten Tag im Wald. Erhängt.

Eine widerwärtige Entdeckung

Es gibt einen weiteren Fall, mit dem ich in meinem Zustand ganz gewiss nichts zu tun haben wollte: Pädophilie. So etwas hatte ich erst einmal entdeckt, zufällig. Eine Wohnungseigentümerin in Hamburg hatte mich gebeten, ihre Wohnung nach dem Tod des Mieters wiederherzustellen. Andere Mieter hatten sich über den Geruch beschwert, der aus der offen stehenden Balkontür der Wohnung drang.

Es war Sommer und sehr heiß gewesen in den vergangenen Wochen. Die Hausfront war mit einem langgezogenen Balkon versehen, zwischen den einzelnen Parteien dienten Milchglasscheiben als Trennwände. Der Mieter, ein Mann Mitte dreißig, war Alkoholiker gewesen, wie ich sofort bemerkte; in der Wohnung stapelten sich leere Tetrapaks billigen Tischweins. Und es wimmelte von Ungeziefer. Der Fundort zeigte mir, dass der Körper extrem ausgelaufen sein musste.

Später hörte ich, der Leichnam sei so aufgebläht gewesen, dass er punktiert werden musste. Irgendwann, wenn ein toter Körper sich aufbläht, besteht die Gefahr, dass die Überreste platzen, wenn man sie anfasst. In solchen Fällen wird eine Folie über den Körper gelegt und mit Nadeln punktiert, damit die Gase austreten können.

Alkoholiker erleiden oft einen grausamen Tod. Manchmal denke ich mir, davon müsste man den Abhängigen mal erzählen. Sie sollten die Bilder sehen, damit sie wissen, welchem Schicksal sie sich entgegentrinken, wenn sie so weitermachen. Viele von ihnen schaffen es zum Schluss nicht mehr aufzustehen. Vielleicht schaffen sie es gerade noch, einen Eimer neben ihr Bett zu stellen, damit sie nicht in ihrem Urin und Erbrochenen liegen. Manchmal aber eben auch nicht.

Als ich die Wohnung in Hamburg so weit gesäubert und desinfiziert hatte, dass auch andere sie gefahrlos betreten konnten, begann ich mit der Durchsuchung. Mittlerweile war eine Nichte aufgetaucht, und es war die Rede von einer Lebensversicherung. Meine Lieblingspraktikantin Laura arbeitete in diesem Fall an meiner Seite.

»Kuck mal«, sie deutete auf einen Karton, »es sieht so aus, als hätte er manchmal Besuch von einem Kind gehabt.«

Ich legte die Unterlagen, die ich gerade sortierte, beiseite und schaute mir die DVDs an. *Pippi Langstrumpf, Der König der Löwen, Das Dschungelbuch,* auch einige Videokassetten mit verfilmten Märchen.

»Von einem Kind ist mir nichts bekannt«, sagte ich.

»Vielleicht die Nichte?«

»Keine Ahnung, wie alt die ist.«

Einige Minuten später wurde Laura erneut fündig: *Der Schulmädchenreport.* Dann kamen Fotos zutage. Abscheuliche Fotos. Und schließlich Pornofilme und DVDs mit seltsamer Beschriftung. *Geil, supergeil, obergeil.*

Ich informierte die Polizei.

Stern TV

Während ich bei meiner ersten Schwangerschaft überhaupt keine Probleme gehabt hatte, gab es nun viele und vor allem ständig neue, so dass ich gar nicht anders konnte, als kürzerzutreten. Zum Teil hatte ich Komplikationen, von denen ich selbst noch nie gehört hatte. Schwangerschaftsjucken zum Beispiel.

Das wünsche ich niemandem. Dieser Juckreiz macht einem das Leben zur Hölle. Es gab Tage, an denen legte ich mich um 17 Uhr ins Bett und hoffte, schnell einzuschlafen, denn wenn ich schlief, spürte ich das Jucken nicht. Ich wurde manchmal regelrecht aggressiv, weil das Jucken nicht aufhörte. Ich hätte mir die Haut in Fetzen vom Leib reißen

können, doch sobald ich nur ein bisschen kratzte, wurde es nur noch schlimmer.
»Nach der Entbindung ist das vorbei«, tröstete mich mein Arzt.
Ich hatte keine Ahnung, wie ich es bis dahin schaffen sollte. Doch eines Tages hörte der Juckreiz schlagartig auf. Dafür bekam ich ein Karpaltunnelsyndrom in beiden Händen, auch eine typische Schwangerschaftserscheinung und total unpraktisch. Dieses Syndrom wirkt sich auf die Muskeln in der Hand aus, so dass ich manchmal nicht einmal eine Tasse hochheben konnte. Natürlich versuchte ich zu arbeiten, so gut es ging, aber manchmal hatte ich auch Schmerzen. Untätig zu Hause zu sitzen, das hätte ich nicht ausgehalten.

In dieser Phase rief die Redaktion von Stern TV bei mir an, weil sie eine Reportage mit mir drehen wollten. Ich erfuhr, dass man ungewöhnliche Berufe vorstellen wollte. Nun, manche Leute, die die Reportage dann sahen, werden sich gedacht haben: Ekelberufe. Außer mir wurden eine Müllsortiererin und ein Kanalreiniger porträtiert.
»In Wirklichkeit seid ihr Helden«, meinte meine liebe Schwägerin Simone.
Ich selbst halte mich für keine Heldin, ich bin einfach nur meinem Geühl gefolgt und habe ein Geschäft daraus gemacht.
Die Reportage zu drehen machte mir großen Spaß. Außerdem war es mir natürlich ein Anliegen, so viele Menschen wie nur möglich auf meinen Beruf aufmerksam zu machen. Und zwischendurch fiel mir auch mal meine Zeit als Model ein. Es kam mir vor, als wäre ich damals eine andere gewesen. Aber Lächeln auf Kommando, das konnte ich noch

immer. Bloß sollte ich diesmal nicht lächeln, und es fiel mir überhaupt nicht schwer.

Das Team vom Fernsehen wollte mich natürlich zu einem Einsatz begleiten, um mich live bei der Arbeit filmen zu können. Dafür war allerdings mein nächster Auftrag überhaupt nicht geeignet.
In dem Mietshaus in Duisburg, zu dem ich gerufen wurde, herrschte ein bestialischer Gestank. Die meisten Mieter waren deshalb ausgezogen. Der Gestank kam aus einer einzigen Wohnung, und der Mieter dieser Wohnung war nun verstorben. »Griesgram« hatten ihn die anderen genannt. Er war sehr unbeliebt gewesen und hatte viel Zeit am Fenster verbracht, um zu kontrollieren, ob vorschriftsgemäß geparkt wurde. Wenn nicht, rief er beim Ordnungsamt an. Griesgram hatte schon mit seiner Mutter in dieser Wohnung gelebt, vielleicht war er hier geboren. Später stellte sich heraus, dass er vermögend war – was man den Räumen nicht anmerkte.
Die Wohnung war vollgestopft mit Briefen und Zetteln. Offenbar hatte er jeden Brief, den er in seinem Leben erhalten hatte, aufgehoben – und manche kommentiert. Ein pinkfarbener Zettel ist mir in Erinnerung geblieben, auf dem in blauer Schrift notiert war: *17. 10. 1974, habe 10 DM gefunden. Habe diese 10 DM auf dem Fundbüro abgegeben. Kann diese 10 DM am 17. 10. 1975 abholen, wenn sich niemand gemeldet hat.* Mit einem schwarzen Stift stand darunter: *17. 10. 1975: Habe mir die 10 DM vom Fundbüro abgeholt.*

Während der Dreharbeiten erhielt ich den nächsten Auftrag. In Hannover hatte sich ein Mieter bei der Hausver-

waltung beschwert, weil aus einem Badezimmerrohr an der Decke Wasser tropfte. Der Mieter wunderte sich nicht nur über das Wasser, sondern auch darüber, dass die Flüssigkeit so rostig aussah, und verlangte Aufschluss über die Beschaffenheit der Rohre, er habe da in letzter Zeit einiges gehört und gelesen über gesundheitsgefährdende Leitungen. Wie sich herausstellte handelte es sich jedoch nicht um Rost, sondern um Leichenflüssigkeit.
In der Wohnung über ihm lag eine alte Dame, und sie lag schon länger, genauer gesagt sehr lang, so lang, dass sich ihr Körper verflüssigt hatte. Als ich den Fundort betrat, erinnerte mich der Abdruck ihres Körpers mit den vielen gelblichen Stellen, die vom Fett rührten, an ein Gemälde.

Schließlich kam doch noch ein geeigneterer Drehort, an dem sich die Redakteure von Stern TV ohne allzu viel Ekel an die Arbeit machen konnten: Ich wurde mal wieder zu einer Messie-Wohnung gerufen.

LOCKMITTEL SWIMMINGPOOL

Durch Zufall fand Andreas' Bruder Michael im Internet ein Haus und gab uns den Tipp: »Das könnte euch gefallen.«
Wir hatten zwar schon öfter darüber gesprochen, zusammenzuziehen, und wir wünschten uns das auch, doch wir hatten beide zu wenig Zeit, uns darum zu kümmern. Und dann war da immer das Hindernis in Gestalt von Angèliques Freundeskreis. Doch nun war sie schon 17 und würde bald keinen Fahrdienst mehr benötigen. In Kürze hätte sie ihr Abitur in der Tasche, sie würde wer weiß wo studieren. Das Haus in der Internet-Anzeige gefiel mir ausnehmend gut.
»Irgendwie kommt es mir bekannt vor«, meinte Andreas.
»Glaubst du, es ist in der Nähe deiner jetzigen Wohnung?«, fragte ich ihn.
»Ich habe keine Ahnung, wo ich es verorten soll, ich weiß nur, dass ich es schon mal gesehen habe.«
Als wir einen Besichtigungstermin vereinbarten, stellten wir fest, dass das Haus sich auf dem Nachbargrundstück der Spedition befand. Gab es eine logistisch bessere Lösung?

Leider war Angèlique nicht so erfreut von dem bevorstehenden Umzug, wie ich es mir wünschte, doch letztlich siegte ihre Vernunft. Sie hatte ihr Leben noch vor sich, ich gründete eine neue Familie, und es war mir mit Baby und Job zu anstrengend, eine Fernbeziehung aufrechtzuerhalten. Als Angèlique den Swimmingpool im Garten sah, war sie nicht mehr ganz so abgeneigt.

Doch meine Tochter ist eine ernst zu nehmende Verhandlungspartnerin. »Okay«, sagte sie schließlich. »Unter einer Bedingung.«
»Und die wäre?«
»Ich kriege das Gartenhäuschen für mich allein.«
»Was willst du denn damit?«
»Party machen und so.«
Dass es so einfach gehen würde, hatte ich nicht vermutet. »Klar, ist deins«, sagte ich locker und überlegte mir erst danach, wie ich das Andreas erklären sollte. Doch er hatte ohnehin keine Verwendung für das Häuschen am Pool und freute sich, dass Angèlique nun doch mit uns an einem Strang zog. Natürlich flossen beim Kistenpacken trotzdem reichlich Tränen.

Der Umzug

Ich war im siebten Monat, als wir im Januar 2010 umzogen. Nun hatten wir zwar die weltbeste Spedition an der Hand, doch leider war es mit dem Transport nicht getan. Ich arbeitete rund um die Uhr und überanstrengte mich mal wieder.
Angèlique vermisste ihre alte Schule und ihre Freunde in der Anfangszeit schmerzlich. Eigentlich wollte sie mit Lüdinghausen erst mal nichts zu tun haben, hier war alles blöd und doof und langweilig und spießig und provinziell. Das machte den Umzug für mich nicht gerade leichter. Ich verstand sie zwar, doch ich wollte, dass auch sie mich verstand. Viel zu oft hatte ich mein Leben nach den Bedürfnissen anderer Menschen ausgerichtet. Jetzt war ich selbst mal dran.
Angèliques Laune änderte sich schlagartig, als Emily-Lou

auf die Welt kam, seitdem will sie gar nicht mehr weg. Ihre kleine Schwester liebt sie über alles. Das geht heute so weit, dass die Leute glauben, sie sei die Mutter und ich die Oma!

Weihnachten 2010 bekam Angie von der Familie den Führerschein geschenkt, sprich die Kosten dafür. So ist sie noch ein Stück unabhängiger und kann hin und her fahren, wie es ihr beliebt, wenn sie genug Geld für Sprit hat.

Tierhortung

Meine letzte Tatortreinigung als Schwangere betraf einen Fall von Animal Hording, auf Deutsch Tierhorten oder Tiersammelsucht genannt. Darunter versteht man eine psychische Störung, die sich in der unkontrollierten Haltung von Haustieren zeigt. Dies führt häufig zu verheerenden Haltungsbedingungen und letztlich zur Verwahrlosung der Tiere. Die Tierhorter erkennen die Missstände – ähnlich wie Messies – allerdings nicht, beziehungsweise versuchen sie zu verbergen und ziehen sich häufig komplett von ihrer menschlichen Umwelt zurück.

Eine Frau Ende siebzig hatte in ihrer kleinen Wohnung über dreißig Katzen gehalten, von denen ich bei meinem Eintreffen keine einzige mehr sah – sie waren bereits ins Tierheim gebracht worden –, doch ich roch sie. Die Wohnung war ein einziges Katzenklo. Die Teppiche waren dermaßen uringetränkt, dass es flatschte, wenn man darüberlief.
Es war mir unvorstellbar, wie die Verstorbene hier gelebt, gekocht, gegessen haben konnte, und wieder einmal war ich dankbar für meine Schutzkleidung, die mir auch Flöhe vom Leib hält.

Ostern unter Wasser

Wahrscheinlich hätte ich noch länger gearbeitet, doch wegen körperlicher Umstände musste ich mich damit abfinden, einen Monat im Krankenhaus zu verbringen. Liegend. Keine leichte Übung für mich. Kurzentschlossen verwandelte ich mein Krankenzimmer in ein Büro und wickelte von dort Aufträge ab. Dann stand Ostern vor der Tür, und ich entließ mich selbst aus dem Krankenhaus.
»Sie versprechen uns, dass Sie liegen bleiben, Frau Schendel?«, fragte einer meiner Ärzte.
Ich nickte.
Doch wie sollte ich zu Hause Däumchen drehen, wenn es so viel zu tun gab? Richtig einsatzfähig war ich ohnehin nicht; ich hing am Tropf, durch den ständig Wehenhemmer flossen. Nach sieben Tagen zu Hause hatte ich 15 Kilo Wasser eingelagert. Ich hatte keinen Hals mehr, mein Gesicht war dermaßen zugeschwollen, dass man meine Augen kaum mehr sah.
Als meine Schwägerin Susanne mich besuchte, rief sie fassungslos: »Wie siehst du denn aus?«
»Mir geht es gut.«
»Wir fahren jetzt sofort ins Krankenhaus.«
»Nein, ich will da nicht mehr rein.«
»Das ist keine Frage des Wollens, das ist ein Muss«, befahl Susanne.
Und so schlappte ich neben ihr zur Entbindungsstation, in Gartenschlappen, weil meine Füße nicht mehr in normale Schuhe reinpassten. Im Stationszimmer saß einer der Ärzte, die mich bei meinem vorigen Aufenthalt behandelt hatten. Er grüßte uns, stutzte, und dann konnte ich wie in Zeitlupe sehen, dass es in ihm arbeitete, bis er fragte: »Sind Sie das, Frau Schendel?«

Leider wurde aus der Wassergeburt, die ich mir gewünscht hatte, dann doch nichts. Wasser hatte ich selbst schon genug eingelagert.

Am 21. April 2010 kam unsere Emily-Lou auf die Welt. Andreas war bei mir, Angèlique wartete draußen, und natürlich war Emily-Lou das süßeste Baby der Welt, genauso wie vor rund 18 Jahren ihre Schwester.

ALL IN ONE: HAUSFRAU, MUTTER, PARTNERIN, MANAGERIN, TATORTREINIGERIN

Neun Tage nach meiner Entbindung war ich wieder im Einsatz. Natürlich hätte ich eine Vertretung organisieren können, aber ich konnte es nicht erwarten, wieder zu arbeiten. Andreas hatte Elternzeit genommen, um für Emily-Lou da zu sein. Und mir ging es gesundheitlich blendend. Kein Juckreiz, kein Karpaltunnelsyndrom, kein Wasser. Ich hatte keinen Grund, mich zu beschweren, als ich nach Bottrop fuhr, wo mich ein unschöner Anblick erwartete.

Die Frau, beziehungsweise das, was von ihr übrig geblieben war, lag seit Januar, also seit vier Monaten, in einer Badewanne. Von einer Frau war nichts mehr sichtbar. Stattdessen stand ich vor einer grützigen altrosa Masse, die mich auf den ersten Blick an Blutwurst erinnerte. Der Körper war komplett aufgelöst. Und er stank bestialisch.
Der Bestatter hatte für die Gerichtsmedizin lediglich das Skelett und den Schädelknochen mitgenommen. Meine Aufgabe bestand darin, den Inhalt der Badewanne auszusieben und dann zu entsorgen, schließlich könnte sich dort etwas Wichtiges befinden.
Ich fand allerdings keine Überraschungen, sondern das, was ich vermutete, weil ich bereits an vergleichbaren Fundstellen tätig gewesen war: Fingerknochen, Mittelohrknochen, Wirbel, ein Stück Milz, Zehennägel ...

Die Schwestern

Da ich selbstständig bin und mir meine Zeit einteilen kann, komme ich mit der veränderten Situation gut zurecht, zumal Andreas' Familie mich sehr lieb unterstützt. An Babysittern ist kein Mangel. Wenn Angèlique von der Schule nach Hause kommt, ruft sie als Erstes: »Wo ist mein Kind?« Das meint sie ernst. Sie hat ihre kleine Schwester praktisch adoptiert.

Ich versuche, so gut es geht, meine Arbeit am Vormittag abzuwickeln und nachmittags ausschließlich Mama zu sein. Zwischendurch bin ich auch noch die Frau von Andreas und die Managerin meines Büros und Hausfrau und Köchin – was eben alles so dazugehört zu einem modernen Frauenleben. Aktuell habe ich zwei Babys. Einmal die umwerfende Emily-Lou. Und dann meine Tatortreinigung. Beide wecken mich manchmal nachts.

Die Eigentümergemeinschaft eines Hauses rief mich an einem Freitagabend gegen 22 Uhr an, ich schlief bereits. In dem Haus hatte es einen Mordversuch an einer Mieterin gegeben. Mein Gesprächspartner erzählte mir die Geschichte, ohne dass ich nachfragen musste.
In der betreffenden Wohnung hatten zwei Schwestern gewohnt, die offenbar wegen des Freundes der einen Schwester in Streit geraten waren, woraufhin eine Schwester die andere mit einem Messer schwer verletzte. Das erschreckte sie so sehr, dass sie schreiend durch den Hausflur rannte und sich ins Auto setzte – um Hilfe zu holen, wie sie ankündigte. Stattdessen fuhr sie gegen einen Baum und war sofort tot. Die verletzte Schwester zu Hause versuchte aus der Wohnung zu fliehen und hinterließ dabei im Treppen-

haus eine Blutspur, auch die Wände seien durch blutige Handabdrücke gekennzeichnet, erfuhr ich.
»Können Sie am besten noch heute Nacht einen Mitarbeiter schicken? Wir haben recherchiert, dass sich Ihre Firma keine fünfzig Kilometer von uns entfernt befindet. Wäre das möglich? Wir möchten den Mietern morgen früh den schlimmsten Anblick ersparen.«

Gegen Mitternacht begann ich mit der Säuberung, um sechs Uhr morgens hatte ich die gröbsten Spuren beseitigt. Wenn ich am Nachmittag wiederkäme, würde ich mich um den Rest kümmern. Auf dem Heimweg hielt ich an einer Bäckerei.
An der Haustür begrüßte Andreas mich mit einem Kuss.
»Super!«, freute er sich über die Brötchentüte, aus der es verlockend duftete.
»Alles ofenfrisch und wunderbar warm«, sagte ich.
»Dann mach ich mal Kaffee.«
»Hast du eine Zeitung mitgebracht?«, wollte Angèlique wissen.
»Klar«, sagte ich und reichte sie ihr. »Dass du schon auf bist?«
»Sie ist gerade erst nach Hause gekommen«, grinste Andreas.
»Wie die Mutter, so die Tochter«, zeigte sich Angèlique schlagfertig.
»Bist du sehr müde nach dieser Nachtschicht?«, wollte Andreas fürsorglich wissen.
»Wahrscheinlich schon. Aber ich merke es im Moment gar nicht. Ich spring mal schnell unter die Dusche. Lass uns gemütlich frühstücken, und danach lege ich mich kurz aufs Ohr. Heute Nachmittag muss ich noch mal an den Tatort.

Um weiterzuarbeiten, brauche ich Tageslicht ...«, ich stutzte. »Was ist denn das?«

Angèlique hatte Emily-Lou auf dem Arm. Andreas hatte sie bereits angezogen. Über ihrem Pullover und der Strumpfhose prangte ein roter Body, der eigentlich über das Windelhöschen gehörte. Jetzt bemerkte auch Angèlique die vertauschte Reihenfolge. Wir hielten uns die Seiten vor Lachen.

»Also mir gefällt sie«, versicherte Andreas. »Egal was sie trägt: Sie ist das schönste Baby der Welt.«

Was das betraf, hatten Angèlique und ich keine Einwände.

Danksagung

Dieses Buch zu schreiben war eine spannende und sehr interessante, aber auch zeitaufwendige und anstrengende Aufgabe. Allein hätte ich das nie schaffen können, und deshalb möchte ich mich ganz herzlich bedanken bei den vielen netten Menschen, die mich immer unterstützt und ermutigt haben.

Meine Eltern haben mit Liebe und Strenge den Grundstein für meine Kraft und Ausdauer gelegt, sie haben immer an mich geglaubt und mich in jeder Hinsicht unterstützt.

Mein Lebensgefährte Andreas hat mir die tolle Möglichkeit geschenkt, meinen Beruf mit Hingabe und Engagement ausüben zu können. Bei ihm möchte ich mich vor allem für seine Geduld und Loyalität bedanken, wenn ich wieder einmal Wochenenden, Feiertage, Abende oder gar Nächte durcharbeiten musste (und weiterhin muss).

Die Familie meines Lebensgefährten spielt in meinem Leben auch eine sehr wichtige Rolle. Ich bin ihnen dankbar für die liebevolle Versorgung ihrer kleinen Enkeltochter und Nichte, denn gerade das entlastet mich sehr.

Und auch meine große Tochter hat starke Nerven bewiesen, wenn sie immer wieder auf mich verzichten musste und trotzdem ihre gute Laune behielt. Deshalb auch ein Dankeschön an sie.

Justyna Polanska

Nicht ganz sauber

Eine polnische Putzfrau räumt auf

Tote Hamster, verschimmelte Pizza, Sexspielzeug: Putzfrau Justyna Polanska muss starke Nerven haben, wenn sie unter deutschen Betten aufräumt. Was ihr dabei alles begegnet, berichtete sie in ihrem ersten Buch, das auf Anhieb ein Bestseller wurde. Über Nacht wurde die junge Polin von der ignorierten Reinigungskraft zur gefragten Interviewpartnerin. Dabei entdeckte sie im Scheinwerferlicht ganz neue Schattenseiten der Deutschen.
Doch natürlich wirbelt Justyna weiterhin Tag für Tag ordentlich Staub auf und nimmt dabei auch künftig kein Blatt vor den Mund. Und so erzählt sie von neuen skurrilen Erlebnissen in den Wohnzimmern ihrer Kunden und verrät, warum viele Deutsche manchmal nicht ganz sauber sind.

»Ein bissiger, amüsanter und gnadenlos authentischer Blick hinter die saubere Fassade der Deutschen.«
ORF über *Unter deutschen Betten*

Knaur Taschenbuch Verlag

Stephan Lucas

Auf der Seite des Bösen

Meine spektakulärsten Fälle als Strafverteidiger

Er ist der Mann, der auf der Seite des Bösen steht – stehen muss. Denn Stephan Lucas ist Strafverteidiger. Er verhilft Mördern und Vergewaltigern vor Gericht zu ihrem Recht. Hier berichtet er von seinen spektakulärsten Fällen, von seinem spannenden Alltag zwischen Verhandlungen und Knastbesuchen und natürlich davon, wie es ist, tagtäglich mit dem Bösen konfrontiert zu werden. Wie geht man mit Menschen um, die jemanden ermordet haben? Muss man einen Vergewaltiger hassen? Und: Sieht man es einem Menschen an, wenn er ein schlimmes Verbrechen begangen hat? Stephan Lucas erzählt nicht nur von dramatischen Schicksalen, sondern gibt uns auch seltene Einblicke in die Abgründe der menschlichen Psyche.

Knaur Taschenbuch Verlag